JN036270

結局、賢く生きるより素直なバカが成功する

凡人が、14年間の実践で身につけた
億稼ぐ接客術

エンリケ

講談社

はじめに

こんにちは！　エンリケです。この本を手にとってくれているということは、「エンリケ」ことワタクシ、小川えりのことを知ってくれていると思っていいのかな？
知らない人のために簡単に経緯を書くと、18歳から時給1500円でキャバ嬢を始めて、最初の4年間はまったく売れないポンコツ時代。

ブレイクしたきっかけは、キャバ嬢7年目に「シャンパンの直瓶」をブログにアップしたこと。気づけば7年間連続ナンバーワンで、最終的には時給26万円、最高月収1億円超え、引退式4日間の売り上げは5億を超えるまでになれた。

これまで書籍を3冊出していて、その中では「指名され続けるために何を心がけていたか」とか、「億稼ぐため何をしたか」という話を書いたんだけど、たくさんの人から「とても参考になった」とか「実践したら売り上げが上がった」という感想をいただいて、すごく嬉しかった！

そのいっぽうで、「もう少し具体例を教えて欲しい」、「こんなときはどうしたらいいの？」という意見や相談も寄せられていて、それに応える機会があったらいいなと思っていたの。

それと、冒頭に「元キャバ嬢」と書いた通り、私は２０１９年11月末をもって18〜32歳（11月の誕生月）まで14年間務めたキャバ嬢を引退した。

過去の本に書いたことは嘘ではないんだけど、現役時代には書けなかった苦労や失敗もあったりして……。

自慢じゃないけど頭がいい方ではないし、色仕掛けで勝負ができる器量もない。そんな私が不器用ながらもみんなからのアドバイスに助けられて日本一のキャバ嬢になるまでの裏側も含めたあれこれ。本書では、そのあたりについて、具体例を出しながら、恥ずかしい話もぶっちゃけながら書いてみようと思う。

引かずに「エンリケって、バカだなぁ」と笑ってね。

そんな私の経験が、今悩んでいる人の励みになってくれたらいいなぁ。

２０２０年11月　エンリケ

chapter 2
指名をもらう、売り上げ継続の実践マニュアル
ナンバー１になるための思考と戦略

chapter 3

初めてのお客様に、常連さんになってもらう会話術

お客様の心をつかむ話し方

STAFF
取材・文／穴澤賢、ヘアメイク／山口理沙（プラスナイン）
デザイン／田中小百合（オスズデザイン）、写真／渡辺充俊（講談社）

序章

高校には行かず、キャバクラで働くことを選択するまでの出来事

あだ名は「クレイジー」。エンリケ伝説

負けず嫌いだった思春期、幸せだった家族に突然降り掛かってきた借金、クレイジーと呼ばれた中学生時代、高校には進学せずにバイトをする日々、やがて借金のカタに実家を失うまで、キャバ嬢デビューに至った経緯を話します。

父親が保証人になり、逃げられる

ある日突然、借金の取り立て屋が

キャバ嬢時代の私の目標は「1億円貯めること」だった。とにかく貯金することが趣味のように、家賃6万5千円のワンルームマンションで自炊をして、30万円くらいの給料のうち20万円は貯金していた。キャバクラで着るドレスも1万円くらいの安いものしか買わず、ほとんどお金を使わなかった。売れ始めてからもその暮らしは変えずに給料が50万円なら40万円、１００万円だったら80万円くらいは貯金に回していたと思う。移動は地下鉄か徒歩かママチャリ。ケチだよねぇ。

どうしてそんなにお金を貯めたかったんだろうと思うでしょ？

お金は大切だけどすべてではないと思ってるし、具体的に何かを買う目標があって貯めていたわけでもないのに。けど、お金を貯めないと！　ずっとそう思ってた。

そこまでお金に執着（しゅうちゃく）するようになった原因のひとつは、子どもの頃の出来事にある。私が小学生で、たしか9歳か10歳くらいだった。ある日、家に帰ると両親が言い争いをしていたのね。普段は仲が良いのにどうしたんだろうと。そしたらお母さんから聞かされたの。

「お父さんが保証人の印鑑（いんかん）を勝手に押してしまって、その借金をうちが背負うことになったのよ」と。子どもだから保証人なんて言われても分からなかったけど、どえらいことになったんだと思ったのは覚えてる。

どうやら、私も遊んだことのある親戚（しんせき）のおじさんから保証人になってくれと頼まれて、印鑑（いんかん）を押してしまった。そしたらそのおじさんが飛んで家族ごと消えた。借金の取り立て屋がうちにやって来て、そのことが発覚（はっかく）したみたい。金額は聞かなかったけど、実家が担保（たんぽ）に入れられていた。

私は一人っ子で、両親とおばあちゃんの4人暮らし。そのことがあってから、父親は給料の一部を返済に回さなくてはならず、暮らしも質素（しっそ）になり、家の中がなんだかギスギスしたような気がした。ときどき取り立ての電話がかかってきて、怖い思いもした。おばあちゃんが明るい人だったのが、唯一の救いだった。

通学は「ヒッチハイク」が常識

クレイジーな中学時代

その後、私は中学生になったけど、友達には誰にも家の借金の話はしなかった。恥ずかしくて言えなかったんだよね。

だけど、いじめられたりも、グレたりもしなかった。

ただ、あだ名は「クレイジー」。理由は、私が中学3年間で何百回もヒッチハイクで登校していたから。

私の家から学校が遠かったんだよね。自転車で30分くらい。だから楽に行ける方法がないかなと考えて、ヒッチハイクをしてみようと思ったの。

朝、交差点で信号待ちをしている車の窓をトントンとして、「どこまで行きますか？」と聞いて方向が同じだと「途中まで乗せていってもらえませんか？」と頼む。

するとだいたいみんな優しくて乗せてくれたんだよね。感じの良さそうな人を選んでたけど、男の人とか女の人とかは関係なかった。

特に雨の日に30分も自転車をこぐのは嫌だから、「すいません、遅刻しそうなので乗せてもらえませんか？」と頼んで。

断られることはほとんどなかったし、怖い目に合ったことも一度もなかった。

学校帰りはヒッチハイクせずに、友達の自転車の後ろに乗せてもらって、友達の家でワイワイやってから家に帰るのが定番だった。

この頃から、負けず嫌いではあったかな。

学校でマラソン大会があったとき、私はなぜか「一番になってやる！」と思った。そのために、みんなが遊んでいるときにも、ひとりで走って練習した。

そしてマラソン大会当日、私は一着でゴールしたの。本気で走ったのは私だけだったのかもしれないけど、「頑張れば一番になれるんだ」と思った。

だけど、どうしようもないこともあった……。

中学卒業後、岐阜から名古屋へ

コンプレックスは、容姿と貧乏

同じ学年にはすごく可愛くて、男子からチヤホヤされている子がいた。私は地味だし、可愛くないから、誰もチヤホヤしてくれない。それがすごく悔しかった。

それと、私の家があった地区は、空き地が多かったんだけど、どんどん立派な新築が建っていって、いつの間にか高級住宅街になった。そんな中、私の家は別に小さくはなかったけど、周囲と比べるとなんだか見劣りする気がした。

みんなには言えなかったけど、借金だって抱えてるし、お金持ちとはほど遠い。あまり可愛くないことと、家が貧乏だったのが、コンプレックスだったなぁ。

中学2年生のときには、初めて好きな人も出来た。ひとつ年上の女子に人気の先輩で、その人に好かれたくて、髪を長く伸ばしていたんだよね。でも、どこでどういう風に伝わったのか分からないけど、私がその先輩を好きなことを知った、同じく彼のことを好きなヤンキーの先輩に呼び出されて、ハサミで髪を短く切られてしまった。

その時は悲しくて泣いたけど、諦めずにエクステを付けてロングヘアーはその後もキープした。

結局好きだった先輩とは仲良くなることも、付き合うこともなかったけど。

ある日教室に私のエクステが落ちていて、「誰かの髪の毛がバサッと落ちてる！」と騒動になったこともあったっけ（笑）。

高校へは行かずにバイトする

そんな切ない思い出のいっぽうで、私は高校へは進学せず、働こうと思った。

それは家計を助けたいという思いも多少はあったけど、自立したいという気持ちの方が強かった。

両親が嫌いだったわけじゃないけど、以前に比べるとどこか重たい空気になっていたから、家を出たかった。

中学卒業を前に、そのことを両親に話すと、反対はされなかった。母親はとても心配そうだったけど、父親は何も言わなかった。

中学卒業後は知り合いの飲食店でバイトすることになり、名古屋にワンルームマンションを借りて、実家のある岐阜を離れた。

毎月、バイト代からいくらかは実家に送っていたけど、2~3万円くらいで額は少なかったと思う。

借金のカタに実家を取られる

働きだしてしばらくした頃、母親から電話があり、実家を手放すことになったと聞かされたの。びっくりだよね、借金は抱えたものの、何とか返し続けていると思っていたから。

きっと借金の金額が多かったんだと思う、何千万円か。父親は給料から返済していたけれど、元金が減らず、遂に諦めて家を手放すことにしたんだろうね。

両親とおばあちゃんは、賃貸アパートに引っ越した。

家を手放したことが、すごく悔しかった。私たち家族は悪いことなんて何もしていないのに、騙されて家を取られるなんて、許せなかった。

今でもいつか借金を踏み倒して逃げた親戚を探し出して、どうしてそんなことをしたのか尋ねてみたいと思っている。

キャバクラで働き出す

そんなとき、キャバクラを知る。

ある日、中学時代の先輩から「休みたいから私の代わりに行って」と頼まれて断れなかったの。仕事内容は全然楽しいとは思わなかった。わけも分からずニコニコしているのがやっとで。

でもそのとき、キャバ嬢は稼ごうと思えば稼げる仕事なんだということを知った。

そこで16歳のときに「18歳になったら連絡ちょうだいね」と街で声をかけてきたスカウトマンのことを思い出して連絡してみた。

すーさん（14年来のお客様）からの *message*

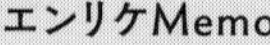

初めてのNo.1も、憧（あこが）れだったシャンパンタワーもすーさんがいたから実現できた。すーさんは14年間私の心の支えになってくれたスーパーエース！

出会ったきっかけはもともと指名していた女の子が辞めて、彼女がたまたま席に来ただけだったかな。そのときは特別な印象はなくて、小柄な普通の女の子という程度。

それからなんとなく指名するようになって、あるときゴルフに誘われた。他にもゴルフをするキャバ嬢はいたけど、彼女ほど一生懸命やってた子はいなかったんじゃないかな。スコアも安定して90〜100くらいだったしね。だから客とキャバ嬢という関係を越えて、友達として月に2〜3回はゴルフに行ってた。

年は離れてるけど、人に対しての挨拶とかお礼とか、気の遣（つか）い方がうまくて、頼り甲斐もあった。

約束したことはどんな小さいことでも忘れないし。忘れてるかなと思ったら向こうから連絡があったり。記念日とかそういうのも必ずちゃんと覚えていて、祝ってくれる。

売れない時代は苦労してたみたいけど、色々なことを勉強して努力しているのも知ってた。だから、2010年に「もう少しで初めてナンバーワンになれる」と連絡をもらったときは、応援してあげたいという気持ちになった。だけど僕は家がちょっと遠かったから店に行けなくて、振り込みでいいならと10万円を振り込んで、遠隔（えんかく）シャンパンをした。

彼女との付き合いは、もう14年になるんだね。もう僕が応援する必要もない存在になったけど、何か頼まれたら出来ることはやるよ。

chapter 1

14年間つけた日記の記録で振り返る

時給1500円～26万円までの道のり

2006年（18歳）～2019年（32歳の誕生月）まで14年間つけた日記で振り返りながら、売れない頃の苦労や、応援してくれた人たちとの出会い、学んだことなどを、給料の移り変わりと共にお話しします。

未来を開く記録のつけ方

日記の意味と活用法

キャバ嬢をはじめてから、日記（メモ）をつけていたんだよね。内容は、その日に来てくれたお客様の名前と、ポイント（キャバクラはポイント制で給料が決まる）、同伴人数、指名人数、入ったお酒、時給、月給、ブログの閲覧者数など、そのとき気になったことくらいで、記録に近いかもしれない。

なぜそんなことをしようと思ったのかというと、現状を把握するため。

だって、何気なく働いていたら、どんどん忘れていくでしょ。私はあんまり頭が良くないから、いつ誰が来てくれたかなんて全部覚えられるわけがないし。

給料も毎月同じならいいかもしれないけど、キャバクラは上下するから、しっかりつけておかないと忘れてしまう。だから日記をつけることにしたんだよね。

もうひとつは、自分が成長しているのかどうか分かるため。

私は同僚にライバル心なんて一切なくて、あるのは自分自身に対してだけ。過去の自分と比べるときにデータがないと、前進しているのか分からないでしょ。それを確かめるために毎日書くようにしたの。

ときどき日記を振り返って、「よっしゃ！」と思ったり、「あかんなぁ」と反省したり。でもそうして比べられるものがあると、ふつふつとやる気が湧いてくる。そういう意味でも日記をつけるのはいいことだと思う。

ここにキャバ嬢をはじめた2006年から2019年（32歳の誕生月）まで14年分の日記があるから、それを見ながら過去をちょっと振り返ってみようかな。

私が昔、どれくらいダメダメだったか、どんなお客様たちと出逢って支えてもらったのかが分かると思うから、少し付き合ってね。

今のエンリケをつくるのに欠かせない要素になったゴルフや、「シャンパンが好き」とお店でアピールすることも実は、当時お付き合いしていた彼氏のために始めたこと。だけど、結果的に自分の売り上げにつながった。きっかけが何であれ、徹底的に努力すれば、成果につながると思うんだよね。

2006年 18歳〜（1年目）月給27〜89万円

ポンコツ時代

15歳から勤めていた知り合いの飲食店を辞めて、最初に働いたキャバクラでは、本当に何も分からなかった。

上品におしとやかに振る舞おうとするんだけど、板についていないから、すぐにボロが出てしまう。敬語すらままならなかったから、よく先輩から叱（しか）られた。

私を指名する人なんていないから、ヘルプが多かった。

キャバクラではだいたい1対1の接客になる。2人お客様が来ると、女の子が2人つく。で、それぞれで話すから、4人でワイワイ騒（さわ）ぐことなんてあまりない。

指名じゃないヘルプの場合、15分で席を変わる。

席を変わるときは自分のグラスを持って行くんだけど、私はそれを忘れて飲みかけのグラスを置きっぱなしにして、裏で先輩から「ちゃんと持って行きなさい！」と怒鳴られたりすることもあった。挙句の果てに同じ茶色で見分けがつかず、ウイスキーとブランデーを間違える失態も。

お客様を怒らせてしまうこともあった。私が席についてもその人は全然話さないから、「この人、何しに来たんだろう」と思って私も黙ってたの。シーンとしたままだから、席を離れるときも黙って行った。そしたらその人が「なんだあの女は！」と怒り出して黒服が謝りに行ったり。ひどい有様だった。

トイレから出てきた後に、スタッフから「トイレットペーパーがついてるよ」とか、白いドレスに生理の「血がついているよ」と指摘されたこともある。

その頃の時給が１５００円だったかな。

2回もお金を騙し取られる

初めての彼氏が出来たのもこの頃だったかな。

だけどある日、彼から30万円貸してと頼まれたの。30万といえば私にとっては大金だった。だけど彼のことが好きだったから、貸した。でも約束した日になっても返してくれない。何度か返してとお願いしたけど、そのうちに連絡が取れなくなった。

それだけじゃない。

お店に来ていた常連さんからも、100万円貸してと頼まれた。そんなの貸せるわけないと断ると「倍にして返すから！」としつこく頼んでくる。だから悩みながらも貸してしまう。当初はひとまず10万円という感じで返してくれたんだけど、結局その人も連絡が取れなくなってしまった。

短い期間に2回も騙されて、ものすごく落ち込んだよ。

父親が騙されて借金を背負わされたのに、私まで騙されるなんて。

ゴルフを始めたきっかけ

30万詐欺男が消えてから、新しい彼氏が出来た。その人がゴルフをやっていて、「君もやってみたら？」というからゴルフセットを買ったの。それで週に2回ペースで打ちっぱなしに通いはじめた。

そのことをお客様に話したら、「一緒にコースを回らない？」と誘ってくれた。色恋営業じゃなかったから、その人に彼氏がいることを伝えたら、なんと一緒に回ろうということになって。で、彼を紹介して3人でゴルフ場に行ったんだけど、実際にコースを回ってみたら楽しくて。すっかりハマってしまったわけ。

最初に回ったときのスコアは、たしか153だったかな。もっと上手くなりたくて、打ちっぱなし通いは続けてた。

キャバクラで席についたときにゴルフの話をすると、「今度一緒に行こうよ」というお客様が多くてね。私も練習になるし、さらにゴルフの後はだいたい同伴になるから、一石二鳥でしょ。だからよくゴルフには行くようになった。

だけどゴルフは早朝から。店が終わって家に帰って寝るのが午前3時頃で、朝は6時半には出ないといけないから、2時間くらいしか寝れない。しかもゴルフの後はまた店だからすごくヘビー。それでも、2日連続でゴルフに行ったりしてた。若さゆえ体力があったのか、それだけゴルフが好きだったのか。だけど結果的に売り上げアップにつながったしお客様との接点も増えたから、ゴルフをはじめて良かったと思う。

きっかけを作ってくれた彼氏とは、その後別れてしまったけどね。

心の支え、すーさんとの出会い

そんなある日、すーさんの席についた。すーさんはもともとお店の常連さんで、それまで指名していた女の子が引退してしまったから、私が接客することになった。話してみると、とても物腰の柔らかい優しい人で、つい私の売り上げがあがらないこととか、指名があんまりないこととかを相談したんだよね。そしたら次回から指名するよと言ってくれた。静岡県の浜松在住だから、月1〜2回ほど名古屋にわざわざビジネスホテルをとって、そこから自転車で店に来てくれるようになって。すーさんもゴルフをするから、よく一緒に行ったりもした。

夜の世界で「エース」というのは、たくさんお金を使ってくれる「太客」のことを指すんだけど、私の中でエースは売り上げだけじゃなくて、心の支えになってくれる人のことをそう呼ぶの。すーさんはその後、14年間ずっと私のエースになる。

ゴルフをはじめたことで同伴が増えて、この年の最高月収は89万円になる。ほんの少しだけ前進できた気がした。

2006年の手帖に書いた エンリケMemo

キャバクラ水商売を経験してホント良かったって思う
たくさんのこと学んだ。この水商売ってお客さんが
居て成り立つものであってお客さんが居なければ
ご飯食べてけない者。本当にお客さんと共に
生きていくってゆうコトを理解できました
お客さんが何をもとめているのか何を言われたら
心から喜んでくれるのか常にお客さんの事考えて
遊ぶヒマがあるのなら1分1秒でもお客さんの事
想って、行動しなきゃダメだし、努力って絶対
必要だと思う。男ってゆう生き物は亭主関白
だから女は下になって一歩ひいて気をつかわなきゃ
いけない。日頃、男女に限らずプライベートでも
お仕事でもいろんな所でいろんな事に気づかい
できる事によってお客さんにも自然とできる。
常識のマナーもなきゃだめだし、全てふくめて
サービス業ってほんとに難かしい。
ストレスもたまるし精神的にも追いつめられる
この業界は上へ上へあがってく程、孤独になってく
今まで友達に頼ったり好きな男に甘えたり
常に自分の居場所作ってた。さびしさまぎらわし
てた。だけど孤独に絶えなきゃいい女に
なれない。強くなれない。
何かを犠牲にしなくちゃいけないケド
孤独や淋しさを絶えて乗り越えたら大人に
なれるってわかった♡

2007年 19歳〜（2年目）月給27〜133万円

海外旅行にハマる

最初に入ったお店は、タブーな話題などは細かく教えてくれなかったけど、マナーが厳しくておかげでたくさんのことを学ばせてもらった。罰金制度もあったからね。たとえばお客様の前で脚を組んだら罰金、みたいに。

その他にも、いつでもタバコに火がつけられるようにライターは常に手元に置いておく、ハンカチを2枚用意しておく、吸い殻1本で灰皿を変える、お客様にお酒を作らせない、グラスの水滴（すいてき）を拭（ふ）き取る、コースターを頻繁（ひんぱん）に変える、などなど。髪の毛も美容院で綺麗（きれい）にセットしてないとダメだったから、毎日出勤前は美容院通いに。

おかげで最初は敬語もままならなかったのが、だんだん丁寧語をちゃんと話せるようになった。すると、指名も少し増えたんだけど、あるところからは全然伸びない。月給も27万円とか、32万円の月も結構ある。

この頃の目標は「貯金１０００万」だったかな。貯金は毎月していたけど、上昇志向はそんなになかった。

それより、海外旅行にハマってしまって。旅行に行くためには稼がないといけない。だから旅行費用捻出のために指名を増やすことを意識していた。キャバクラには、指名なしでふらっと入ってくるフリーのお客様も多い。そんな人の席についたときに話が弾むと、「もうちょっとここに居なよ」となり、場内指名になる。そうなると2回目に来たときに本指名してくれる。

他にも、話しの流れで「今度、ご飯食べに連れて行ってくださいよ」とお願いすると同伴になり、そのままお店に来てくれるから本指名になる。場内指名は0・5ポイント、本指名は1ポイント、同伴は2ポイント。1ポイント１０００円だから同伴出勤は３０００円。ポイントが貯まると時給もあがるというわけ。だからこの頃は、本指名と同伴を増やす努力していた。でも、ちょっとガツガツ営業しすぎていたかも。お客様に「次はいつ来てくれるの？」と直球メールを投げたりして。そんなメールばかり来たら、楽しくないから離れて行くよね。当時はそんなことにも気づいていなくて。自分としては一生懸命だったけど、成果にはつながらなかった。

ナンバーワンは無理

地道な努力の成果もあって、少しずつ指名や同伴が増えていた。ランキング上位ではないけど、10位以下ってこともない。中間くらいかな。それでもいいと思っていた。というより、諦めていた。

なぜかというと、この頃のお店にはトップ3がいて、2位と3位が入れ替わることはあっても、1位はずっとダントツで君臨していたから。

その人はいつもOLが着るようなスーツを着ていて、タイトスカートからしなやかな脚を覗かせていた。キャバ嬢という感じではなく、松嶋菜々子みたいなタイプで、たしか27歳くらいだったけど、背がスラッと高くて歩いているだけでオーラがあるキレイな人だった。男性はみんなひと目でメロメロになっていた。

その人が、シャンパンタワーをやっているのを見たことがある。どこかのお金持ちが用意したと思うんだけど、実際に見たのはそれが初めてで「なんだあれは！」と遠くから眺めていたのを覚えている。

当時、そのお店は大繁盛していて、いつも満席で入れない人もいるほどだったけど、その人の人気はすごかった。指名の数も私の倍以上はある。他の娘たちもみんな頑張ってはいるんだけど、誰も勝てない。

いっぽう20歳そこそこの小娘で、色気もない。そんな私があの人に太刀打ちできるわけがない。そう思ってナンバーワンなんて諦めていた。

どうにか頑張って現状維持をするのがやっと、という感じだった。

それが内心悔しくて、『女性の品格 装いから生き方まで／坂東眞理子（ＰＨＰ新書）』なども読んで、自分では気がつかなかったポイントを手帖のメモ欄に書き出して、実践してみたりもしていたんだけどね（P.32参照）。

私にはあんなオーラは無理だわと思ってた。

2008年の手帖に書いた エンリケMemo

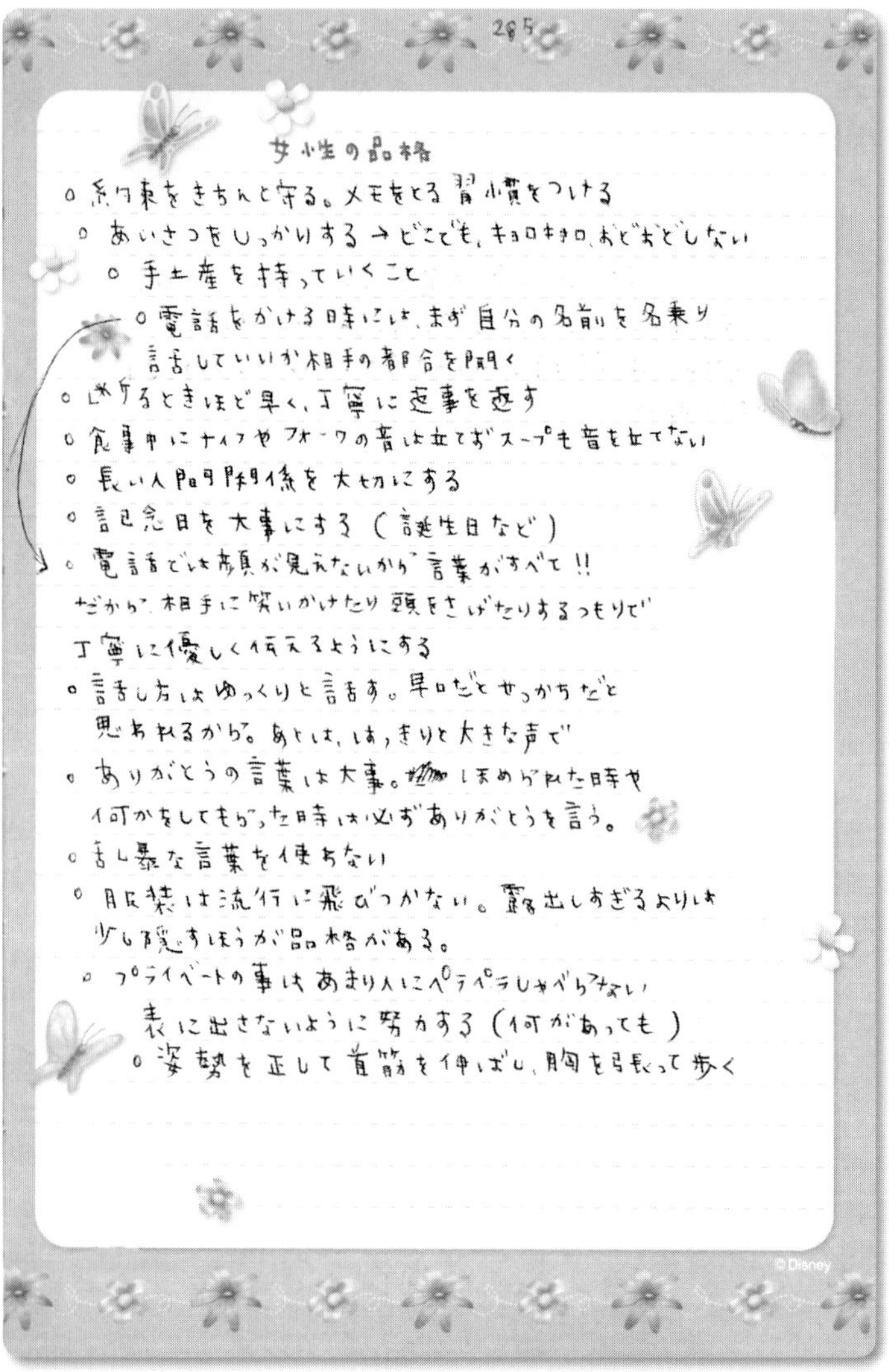
285

女性の品格

○約束をきちんと守る。メモをとる習慣をつける
○あいさつをしっかりする→どこでも、キョロキョロ、おどおどしない
○手土産を持っていくこと
○電話をかける時には、まず自分の名前を名乗り
話していいか相手の都合を聞く
○断るときほど早く、丁寧に返事を返す
○食事中にナイフやフォークの音は立てずスープも音を立てない
○長い人間関係を大切にする
○記念日を大事にする（誕生日など）
○電話では顔が見えないから言葉がすべて!!
だから、相手に笑いかけたり頭をさげたりするつもりで
丁寧に優しく伝えるようにする
○話し方はゆっくりと話す。早口だとせっかちだと
思われるから。あとは、はっきりと大きな声で
○ありがとうの言葉は大事。ほめられた時や
何かをしてもらった時は必ずありがとうを言う。
○乱暴な言葉を使わない
○服装は流行に飛びつかない。露出しすぎるよりは
少し隠すほうが品格がある。
○プライベートの事はあまり人にペラペラしゃべらない
表に出さないように努力する（何があっても）
○姿勢を正して首筋を伸ばし、胸を張って歩く

。とっつきやすい人間になる。
になるには、①笑顔の人　②自分から挨拶をする人　③自分から動く動作が見られる人
。公の場では女優になったつもりで振る舞う
。電話での態度は相手に筒抜けと思え

名前を呼ばれたら「はい」の返事。

接遇
「ようこそお越しくださいました」

×「いらっしゃいませ」

「いつもお世話になっております」

×「いっもお世話になってます」

「またのお越しをお待ち申しております」

×「ありがとうございました」

「申し訳ございません」

×「すみません」

「少々お待ちくださいませ」

×「ちょっと待ってください」

「お待たせ致しました。」

×「お待たせしました」

「恐れいります」

×「あのー、すみません」

「失礼致します」

×「失礼します」

「かしこまりました」

×「へもですね。少々お待ちください」

2009年 21歳～（4年目）月給38～82万円

屈辱（くつじょく）の早上がり

少しは稼げるようになってきたかなと思っていたら年明け早々、系列店に移動しろと言われてね。そっちは客単価も年齢層も高い高級店だった。だからてっきりもっと稼げると思ったんだけど、逆に下がってしまう。

なんと、新しいお店は暇だったの。そもそもお客様が少ないから、新規の指名が取れない。さらに単価が高いから、前のお店の常連さんが来ないし、呼べなかった。暇だから、裏の待機部屋にずっといる。で、指名が取れないと早上がりさせられる。時給は6000円だったけど、1～2時間で帰らされる日もあったりして。結果的に、化粧してヘアメイクに行ってる時間の方が長かったみたいな。ふざけんな！　となるでしょ。

モチベーションはただ下がりで、当日休んだこともある。

それでも耐えて出勤してたんだけど、早上がりが4日連続で続いた4月に、辞めようと決めた。これなら時給が安くても、もっと働ける店の方が稼げるかなと思って。頼み込めば、前の店に戻してもらうことも出来たかもしれないけど、元同僚たちに「なんだ、戻ってきたの？」と笑われるのも嫌でしょ。

キャバクラ界では、辞める2ヶ月前に言わないといけない暗黙のルールがある。そうしないと、私がいた錦では働けなくなる。

辞めると言ってからは新規のお客様はつけてもらえず、さらに売り上げは下がった。もう最悪。それでも貯金はちゃんとしてたけど。

六本木で面接に落ちる

6月いっぱいで錦の店を辞め、7月に入ってすぐ東京に行った。

別に名古屋が嫌になったわけでも、錦で働けなくなったわけでもない。筋は一応ちゃんと通したし。

名古屋では有名店にいたけれど、東京は日本で一番というイメージがあって。上には上があると思って、六本木のかなり有名な店に面接を受けに行ったの。

そしたらなんと、あっさり落とされた。

面接のためにわざわざ新幹線代を払って東京まで来たのに。すごくショックだった。私の何がそんなにダメなの？　と思ったよ。

そこで、面接を落とされた店の隣のビルの店に電話したの。

「名古屋から出てきて、今店の前にいるんですけど、今日だけでも働かせてもらえませんか？」って。そしたら面接するから来てって言われて。そのときは知らなかったけど『ビゼ』という、そこも有名な店だったみたいで。簡単な面接を受けると、ＯＫをもらって、その日一日働かせてもらうことになったんだよ。

早速、出張でよく名古屋のお店に来てくれていた東京で暮らすお客様に連絡したら、2組も来てくれて。その他にも、場内指名も取れた。

印象が良かったのか、終わった後に店の人から「時給もはずむから、うちで働いて欲しい」と言ってもらえた。

じゃあまず家を見つけなきゃと思って探してみたら、どこも家賃が高くて……。両国にある狭(せま)いマンションでも、15～20万円くらいだったから。

家賃が高い東京では暮らしていく自信がないと思って、名古屋に戻った。当時私が住んでいたのは、6万5千円のワンルームだったから。

その店の人たちは、私のことを覚えてくれていて、その後もちょくちょくスカウトの連絡をくれたんだよね。だからあのときの御礼にすーさんと飲みに行ったこともあるよ。

錦で一番の店へ

結局、7月に錦の『アールズカフェ』という店に入った。選んだ理由はフリーのお客様がたくさんいて、錦では当時一番だったから。

まず驚いたのは、店によってこんなにも客層が違うのかということ。アールズカフェも年齢層は高かったんだけど、うまくはいえないけど来る人の質が違うように感じたんだよね。なんとなく「大人」なの。それまで若い人が多かったから、今まで喋（しゃべ）ったことのない人たちに出会えたという感じだった。

連絡したら来てくれた以前のお客様もいたから、売り上げはそんなに悪くなかった。

でもそれが、面白くない人もいるんだよ。前からそこにいる先輩たちね。古株はお局さんみたいになってるから、挨拶したって目も合わせてくれずシカトされる。少し売れたといっても、私なんてトップ10にも入っていないのにだよ。

たとえば、狭い更衣室に入ってもどいてくれない。どいてくれないから化粧直しもできないし、どいてくださいとは言えない。近寄れないというか、怖いのよ。そんなときは、いったん外に出て、いなくなるのをひたすら待った。

そこで私は、ある攻略法を試してみることにした。

いじめはこうして克服した

まず、ヘルプについたときに、お客様の前で先輩を褒める。お客様は先輩を指名しているわけだから、その女の子が褒められたら悪い気はしない。先輩だって同じはず。あまりやりすぎるのは禁物だけど、「いつもすごいなぁと思っているんです」など、さりげなく持ち上げる。これで多少は壁が低くなる。

ここで注意しなくてはいけないのは、1回褒めたくらいでは響かない。その席ではさすがに無視はできないから笑顔だとしても、裏で話しかける温度にはならないんだよね。裏で待機しているときも騒がず大人しくして、さぼったりもしない。

そうやってヘルプに入ったときにさりげなく褒めることを繰り返していると、なんとなくお姉さんの表情が柔かくなってくる。きっと肌で感じると思う。

そしたら、裏で話しかけても良さそうな空気が漂い出すから、そのときは「あのお客様の場合、私はどうしたらいいでしょうか」など相談をしてみる。

また、仕事が終ってから送迎が同じ方向の場合は、席を譲る。ワンボックスでは、後部座席よりも助手席の方が広くて快適なことが多い。だから、私が先に助手席に座っていたとしても、先輩が来たら「こっちに座ってください」とどいてその場所を譲る。そういうことを地道に続けていると、少しずつ壁がなくなり、距離が縮まっていく。

勤続10年の先輩5人をこの方法で、ひとりひとり攻略していった。ただし、すぐに打ち解けるわけでないからね。私のケースでも1年くらいはかかったと思う。

攻略といっても、先輩を敵のように思っているわけではなくて、しっかりリスペクトはしていた。実際、私が入ったときに口も聞いてくれなかった先輩は、その後ときどきお店に会いに来てくれたしね。

2010年 22歳～(5年目) 月給47～115万円

顔を見ただけでチェンジ？

先輩方と徐々に打ち解け始めて、売り上げも少しずつ良くなっているときでも、結構傷つくことがあったんだよね。

ある夜、ＶＩＰルームにいた常連のお客様の席につこうとしたときのこと。40歳くらいの社長っぽい人で、恰幅のいいちょっと偉そうな人だったから内心怖いなぁと思いながら席に行って「はじめまして、小川えりです」と挨拶した。

そしたら一瞬だけ私を見て、すぐに横柄な態度で黒服に向かって、「ちょっと、この子変えて！」と言うの。

普通チェンジの場合は、トイレに行くふりとかして、こっそり黒服に言うもの。それが暗黙のマナー。今までにもチェンジを希望されたことはあったけど、面と向かって言われたのは初めてだった。まだ会話もしていないのに、顔を見ただけで。

だけどキャバ嬢に逆らう権利はないから、私は「楽しんでいってくださいね」と笑顔で挨拶して席を離れるしかなかった。

ひどいなぁと思って。ものすごく屈辱的だったし、悔しかった。そのままトイレに入って10分くらい泣いたもん。泣きながら、今に見てろと思った。

笑顔を作って違う席についたけど、すぐに閉店時間になった。

その頃のお店の閉店ソングが、映画アルマゲドンの主題歌『I don't Want to Miss a Thing』で、店を出るとき聞きながら「私も終わったわ」と思ったよ。

名古屋弁接客スタート！

この頃、着実に売り上げは上がってきてたけど、ナンバーワンになったことはなかった。でもこのチェンジ事件で、ナンバーワンになってやると強く思うようになった。

それでお客様のFくんに相談したら、もっと素を出した方がいいと言われたの。その頃はまだおしとやか路線で接客をしてたから。

Fくん曰く、本質的な君はクレイジーなんだから（失礼な！）、指名をもらうためには、同伴とかアフターのときみたいにもっと自分をさらけ出した方がいい。反感を持つ人もいるかもしれない。でも絶対分かってくれる人はいる。重要なことはどんな失敗をしたかではなく、失敗することでデッドラインが分かる。失敗しないとどこまでやったらダメかというのが分からない。経験値が増えるし、当たり障りのないかしこまった接客よりはいいはずだ。会話のキャッチボールもはずむし」とアドバイスをくれた。

なるほどそうか、いいこと言うねぇと感心した。クレイジーは余計だけど(笑)。

そこで、おしとやかキャラから、名古屋弁のぶっちゃけキャラに変えてみたんだよね。

たとえば席につくとき、以前ならしおらしく「失礼します」とお辞儀していたんだけど、「失礼しまーす！」と元気よく言う。お酒をいただいたときには「うまーい！」と大げさに喜ぶ、「〜だもんで」、「〜だがや」と気さくに話す。

変にかしこまらなくていいから、その方が楽だった。それが普段の私だから。そしたら、目に見えて指名が増えていった。もちろん、失敗もしたよ。気難しいお客様から「プロの接客じゃない」と怒られたこともある。そういうことがある度に、お客様のタイプ別に調整することも学習した。

すーさんの振り込みで初のナンバーワンに！

とうとう8月には、ナンバーワンを狙（ねら）えるところまで来た！　でも締め日になっても、あと少し届かない。

そこで心のエース、すーさんに連絡してみた。こういう事情で、どうしてもナンバーワンになりたい。だからお店に来てくれないかと。

でもすーさんは浜松在住だし、仕事が忙しくて来ることができないとのこと。そっかぁ、諦（あきら）めるしかないかと思っていると、すーさんの方から驚きの提案が。

「店には行けないけど、シャンパンを入れるといい。その分のお金を振り込むから」

お店に確認すると、すーさんがオーダしてくれたシャンパンを、私たちキャバ嬢が飲めばいいという。そうすーさんに伝えると、翌日、10万円を本当に振り込んでくれたんだよ。おかげで8月に初めてのナンバーワンになれた。

今では当たり前になったお客様からの遠隔（えんかく）シャンパンだけど、当時は非難もされた。このときのことは、今でも本当に感謝している。

戦略を指導してくれたぷーさん

この年の大きな変化は、2人のエースとの出会いかな。

ひとりは税理士のぷーさんで、いつもフリーで入ってくる常連さんだったのね。気難しそうで近寄りがたいオーラをまとった人で、最初は「緊張するなぁ」と思いながら席について少ししゃべって席を離れたのが1回目。ちょくちょく来る人だったから、2回目についたときに、ぷーさんから「あんた見たことあるな」と言われて。「前回もつかせていただいたんですけど、全然指名が取れなくて大変です」と返したら、「そうなの？　頑張れば増えそうだけどね」と言ってくれたの。

そんな感じでちょっと和んで話しながら、ぷーさんが飲んでいたお酒が珍しかったから「なんていうお酒なんですか？」とか色々聞いたら、機嫌が良くなっていくのが分かった。どうやらそのお酒はぷーさんのためだけに店が用意していた日本酒で、なかなか手に入らないらしく、自慢げに話しはじめたのね。それを聞いて「すごい！」と褒めたら喜んでくれて、「指名は入っていないんだろ、君。だったらここにいていいよ」と場内指名に変えてくれた。
けど、3回目もフリーで入って来たんだよね。だから私からぷーさんの席にすすんでついて、「今日も指名ないんで遊びに来ました！」と笑って、最終的に場内指名に変えてもらう。そんなことを何度か繰り返していた、それこそ20回くらい。

半年くらいしたら、遂に私を本指名してくれるようになった。

なのに、ぷーさんは「どこかフリーの客について来い」と言うの。「俺の席には戻って来なくていいから、場内指名がとれたら褒めてやるから報告だけしに来い」って。お店の中を見渡して「あの客良さそうだから、あの席について来い」とか。言われた通りにしたけど、変な人だよね。

だいたいお店が終わってからのアフターが、1日の報告会だった。

今日は指名が何組、場内指名が何組取れたとか報告すると、「よく頑張ったな」と褒めてくれる。なんだか父親と娘みたいな関係だった。でもぷーさんは気難しい面があったから、私以外の女の子は対応できなかった。

ぷーさんは、常に私がナンバーワンになれるように全力でサポートしてくれて、売り上げがトップの女の子と差があるときには、自分の友達をたくさんつれてきて、全卓を占領して、トップの女の子のお客様が入れないようにする徹底ぶり。連れて来てくれたお客様のお支払いは全額ぷーさんがしてくれた。

ぷーさんとアフターで行くバーにはカラオケがあって、よく山口百恵の『プレイバックPart2』を歌ってた。私は原曲を知らないから聞いて覚えて、後日歌うと、すごく喜んでくれたんだよね。

同伴についても「なるべくいいところに連れて行ってもらえ」と話していた。いい店を知らないと連れて行く方も誘う気にならないからと。それで実際に有名な寿司屋に連れて行ってくれて、寿司屋でのマナーなんかも教えてくれた。

お客様への気遣いを教えてくれた浜さん

もうひとりのエースは浜さんで、この人も毎回フリーで入ってくるタイプだった。建設会社の社長だったと思う。ぽっちゃりした体格の人で、めげずに何回も席についいているうちに指名に昇格したんだよね。見た目は怖いけど、話したら優しくてね。浜さんは店の料金体系を全て把握していて、どうやったら私たちにポイントがついて稼げるかとか、同伴を増やせば成績アップにつながるなどの仕組みが分かっていた。そんなの理解しているお客様なんていないから、驚いたよ。そのうえで、浜さんはよく同伴に誘ってくれた。

「お前のいいところは素直なところだから、それを活かして接客すれば絶対に分かる人には分かる」とか言ってくれて、結構勇気づけられた。

それから、祝儀袋の書き方とかそういう常識的なことを知っておいた方がいいからと教えてくれたりした。私は全然知らなかったから、浜さんの前でコースターに筆ペンで書いて練習したり。これは後々ためになったなぁ。

ほかにも、「誰かのお見舞いに行くときはあの果物屋でフルーツを買え」とか。なぜかと聞くと、そこのフルーツは新鮮で、綺麗に包装してくれるからだと。だから住所を聞いて、後日そこへ買いに行ってみたりして。勉強になったなぁ。

お客へのプレゼントには金を使え！

浜さんからは、お客様へのプレゼントにはお金をかけろとも言われた。「目先の売り上げではなく、その先を見ろ」と。

誕生日プレゼントをもらうとそりゃ嬉しいけど、当たり障りのない安いものより、自分の趣味に合った高価なものをもらった方がより嬉しい。するとどうなる？　またお返ししたいと思う。だから、結果的に売り上げにつながる。

その人が今まで使ってくれた金額を計算してみろ。その人の趣味をリサーチしろ。誕生日なんて年に一度じゃないか。そのときくらい、その人の好きなちょっとくらい高価なものを買ったって、後できっと返ってくる。そのためにお客へのプレゼントには金をかけろ。浜さんはそう言っていた。

だから浜さんの誕生日が近くなってきたときに、「何が欲しいですか？」と素直に聞いたのね。そしたら「もう取り置きしてもらってるぞ」と言うんだよ。なんか好きな洋服のブランドがあるらしく、そのお店に注文して、知らない間に私が取りに行くことになってたのよ。びっくりしたわぁ。

言われるがまま、指定された店に行ってさらにびっくり。なんとセーターが2枚で30万円！　金額を見て「えぇぇぇぇ！」となったよ。

30万といえば私にとっては大金。自分の服でもそんな金額使ったことなかったし。けど浜さんには色々お世話になってたし、買わないわけにもいかないから払ったよ、修行だと思って。

結局、浜さんはその後、１００倍くらいお金を使ってくれたけど。

それから私はお客様の誕生日には、しっかりその人の趣味をリサーチして、落としてくれた金額に見合ったそれなりに高価なものをプレゼントするようになったんだよね。年間使ってくれている金額の１／１００が基準と習ったよ。

それが後の売り上げにつながったのも事実かな。

2012年 24歳〜(7年目) 月給68〜200万円

ブログでも上を目指す

『アールズカフェ』に移ってから、お店の指示でブログを始めていた。当時はブログが盛り上がっている時期で、キャバ嬢のブログランキングなんてものもあった。けど、私のブログは書いても書いても順位が上がらなかったの。

そこで私は、ふたつのタイプのブログをリサーチしてみることにした。まずひとつは、売れっ子キャバ嬢のブログ。もうひとつは、売れてなくても面白いと評判になっている女の子のブログ。売れっ子の方はよくシャンパンが出てる記事とかで、これは真似しようと思っても出来ないなと。そのときお客様から教えてもらったのが仙台のスナックの子が書いているブログで、キャバ嬢ではないんだけど、読んでみたらこれが面白い。くだけた文体で、切り口とか落とし方が笑えた。

だから頻繁(ひんぱん)に彼女のブログを読んで、書き方を自分のブログに取り入れたりした。

そしたら少しずつ読者が増えはじめたんだよね。なるほど、ただ当たり障りのないことをダラダラ書いていてもダメなのか。何か「ネタ」があった方がいいんだと気付いた。

この頃はまだ、ブログを見てお店に来てくれる人はいなかったけど、ぷーさんがアクセス数を増やすために、ブログネタを考えてくれたりした。たとえば、「自転車のサドルを抜いて、ブロッコリーと差し替えたら面白いんじゃない？」とか言って、ブロッコリーを買ってきてくれたり。半信半疑で言われた通りにやってみたら、実際にランキングが上がったんだよね。

また別の人は、「シャンパンをおろすから、ラッパ飲みする写真をブログに載せなよ」と勧めてくれて、言われるままやったの。そのときはラッパ飲みしている「ふり」だったけど。そしたらアクセスがドッと増えて。思えばそれが「直瓶」をするようになるきっかけだった。

あれよあれよという間に、私のブログがキャバ嬢ブログの2位になった。ただ、どうしても1位にはなれなかった。売れっ子キャバ嬢が1位に君臨していて。

ある日、アフターで入ったお店に、その子がいたの。ブログを通じてメッセージをやりとりしたことはあったけど、会うのは初めてだった。で、直接お願いしてみたんだよね、私とのツーショットをブログに載せて、ＵＲＬも貼ってくれないかと。なんとその子は快諾してくれた。そしたら、書いてくれた直後に私のブログが1位になったの。結果的に追い抜くかたちになったんだけど、その子には今でも感謝している。

借金のカタに取られた実家を取り戻す

もうひとつ、この年には父親が勝手に印鑑を押してしまったことで結局借金のカタに取られてしまった実家を取り戻した。

保証人の話には続きがあって、印鑑を押したのは父親だけではなかった。後で分かったんだけど、父親の兄弟もやられてた。実家を手放すことになった頃、「うちもだよ」と次々に発覚したの。計画的だったんだろうね。

付き合いのあった弁護士に相談すると調べてくれて、取られた後は一時期誰かが暮らしていたけど、そのときは誰も住んでなくて、２５００万円で売りに出ていた。

6万5千円の賃貸マンションで暮らしながら貯金に励んでいたことで、その頃には、それくらいの蓄え(たくわ)があったんだよね。だから買い戻した。

実は父親は家を手放して、賃貸アパートで暮らし始めてから精神を病んでしまって、仕事を辞めて入院していた。自分を責めすぎたのかもしれない。昔は、毎晩晩酌(ばんしゃく)するのが唯一の楽しみだった人なのに。一時期は母親からの風当たりも強くなり、私も責めてしまったことはある。

父親から「ごめんな」と謝(あやま)られたこともあったけど、当時は怒りしかなくて。逃げた親戚(しんせき)に対しても、うっかり印鑑(いんかん)を押した父親にも。今では、あのとき責めてしまったことを反省している。

でも、父親に対する気持ちより、自分の中のプライドで買い戻したんだと思う。元に戻したかった。新たな家を買うことも出来たかもしれないけど、私は自分が生まれ育った家を取り戻す方を選んだ。中学生の頃に、私がもしお金を持っていたら実家を売らずに済んだのにという思いが心の底にずっと残っていたから。

買い戻した家で両親に暮らしてもらうことになったけど、それほど感謝された記憶はない。もちろん「ありがとう」とは言われたけど。家を取り戻したことよりも、単純に私が帰省して顔を合わせる事の方がよっぽど嬉しそうだった。

2013年 25歳〜（8年目） 月給72〜252万円

好調だった売り上げがガタ落ち…

2012年くらいから、ナンバーワンになる頻度が増えてなかなかいい感じだった。このまま「売れっ子」になれるかと思った矢先にあることが原因で売り上げがガタッと落ちる。

原因はエースが切れてしまったこと。しかもぷーさんと浜さん、2人いっぺんに。

ぷーさんは、出禁になってしまった。出禁といってもぷーさんは悪くない。

ある夜、ぷーさんからお店に「23時頃に行くから」と電話があった。だけど来てみたら満席で入れない。ぷーさんは「わざわざ電話したのに」と怒る。当然だよね。

だから私はお店が終わってから、フォローしにぷーさんが飲んでいるカラオケバーに行ったの。そこで機嫌を直してもらおうと一緒に飲んでいた。

そこへ遅れて部長が謝りに来た。でもぷーさんの怒りは収まらなくて「どうなってんだお前！」と怒鳴ってた。部長が2時間近く頭を下げても、聞く耳を持たない。それで部長が「もう店に来てもらわなくていいです」と言ってしまった。売り言葉に買い言葉でぷーさんも「もう二度と行くか」と言って終わり。

私にはとても優しいぷーさんだったけど、どうにも手に負えない気難しさがあったんだよね。その気性がこのときも出てしまったんだと思う。

後の私だったら店への貢献度も高かったから自分の意見も通せたと思うけど、当時はまだそれほどの力がなかったから何もできなかった。

結局、ぷーさんとはそれから2年近く疎遠になってしまう。２０１５年頃には部長がお休みの日曜日に、再び同伴してお店に来てくれるようになったけどね。

もう俺は必要ないだろ

もうひとりのエースだった建築会社の浜さんには本当にお世話になっていたし、色々教えてもらって感謝していた。でも私がナンバーワンになることが多くなると、「役割は終わったかな、俺はもういらないだろ」と言い残して、店に来なくなった。

ナンバーワンになるまで協力するよと話していた記憶はあるけど、本当に居なくなるとは思ってなかった。

2人のエースがいなくなったら、目に見えて売り上げが落ちていった。2人が使ってくれていた額が他のお客様と比べると突出していたのを痛感した。だいたい週に3回くらい、多いときは週に5回も来てくれていたし。

いい調子だと思っていたのに、太客がいなくなったら、またナンバーは下がってふりだしに逆戻り。その現実を突きつけられて思い知ったよ。

太客に頼らないことの大切さ。そのためには、客数を増やさないといけない。客数を増やすためには、組数を増やす。そのことを強く意識した。

だからフリーのお客様に積極的について、1日に2回同伴を入れたりもした。どうやってそんなことを可能にしたか？

それは1回目の人と入店した後に、「化粧直しをしてくる」と話して少し席を離れる。時間にして30分くらいかな。その間に、店の外に出て2人目の人とラーメンとかを軽く食べて再び入店し、最初の人の席に戻る。そんな裏技で一ヶ月に同伴を42回入れたりしていた。

そんなことをして、5月にはまたナンバーワンに返り咲いた。ぷーさんと浜さんがいなくなって一時期は落ちたけど、そのおかげで現実を知ることが出来た。

通信高校を卒業

この年の大きな出来事といえば、通信高校を卒業した。

高校へ行かなかったことは、すごく後悔していて。中卒なのは嫌だったし、勉強もしたかった。だから、21歳から通信高校に通っていたんだよね。

授業は毎週日曜日、昼12時からだいたい5時間くらい。毎回、課題をどっさり出されるから、平日は昼に起きてそれをやる。分からない問題は、お客様に教えてもらったりもした。特に数学が苦手だったから、会計士のお客様と喫茶店に行ってレクチャーしてもらった。

そんなことを4年間続けて、やっとこの年に卒業できた。これからは履歴書には高校卒業って書けると思うと嬉しかった。

シャンパンが出始める

指名や同伴も大切だけど、太客に頼るのではなく組数を増やす。そのことを意識してから、売り上げは安定して、ナンバーワンになることも多くなっていった。

売り上げが上ったもうひとつの原因は、それまではほとんど出ることがなかったシャンパンが出始めたことかな。

きっかけは、お客様と飲みに行ったメンパブだった。メンパブとは、スナックの男性版みたいなところで、男性が接客してくれるの。そこで出会ったH君という人と付き合うことになり、彼のお店の売り上げに貢献するために、〝エンリケ＝シャンパンが好き〟というイメージを自分の店でアピールし始めた。

そうすると店でも「エンリケが飲みたいなら」とシャンパンの注文が入り始めたし、「アフターではシャンパンが飲めるH君の店へ行こう」という流れが作れて、彼のお店の売り上げにも貢献できた。

本来はお酒が苦手で、プライベートでは一切飲まないんだけど、彼のために思わず頑張ってしまう〝尽くし体質〟が結果的に自分の売り上げにもつながった。

あとはブログにシャンパンが入った様子を毎日あげていくことで、キャバクラに行ったらシャンパンをおろすものといった空気を作った。

もうひとつは、２０１２年にあげた「シャンパンの直瓶」ブログの効果が徐々に出始めたこと。６月には月給が２００万円になった。

それでも私は、家賃6万5千円のマンションに相変わらず住んでいた。一度、前のお店で働いている頃、給料が増えたから家賃11万円のマンションに引っ越したんだけど、その後売り上げが落ちたときに、また反省して6万5千円に戻った。それ以降は、ゲンを担ぐ意味もあって給料が上ってもずっと同じところで暮らしていた。

さすがにこの頃は安物のドレスではいかんと多少高い服を着るようになったけど、質素な暮らしで収入のほとんどを貯金していたのは以前と同じ。

ひとつだけ、自分へのご褒美にエルメスのバーキンを買った。１１０万円もしたけど、いつか欲しいと思っていたものを遂に買った。

憧れのシャンパンタワーを実現

キャバ嬢にとって、誕生日の月は一番売り上げが立てやすい。それは誕生日を口実に営業がかけやすくなるから。それに私には昔からある憧れがあった。

夜の世界で売れっ子の象徴でもあるシャンパンタワーを一度やってみたかった。シャンパンタワーとはシャンパングラスを何段も積み上げて、そこにシャンパンを注ぐ。当然シャンパンが何十本も必要。そのためかなり高額になる。規模にもよるけど、一基だいたい５００万円くらい。

誰もができるわけではないから、『アールズカフェ』でも見たことがない。だけどかつて、松嶋菜々子似のナンバーワンがやっているのを見てからずっと憧れていた。

そこでシャンパンタワーをやってみたいとあるお客様に素直に話すと、こんな提案をしてくれた。「君、子どもの頃ピアノ習ってたんでしょ。だったらビリージョエルの『ニューヨークの想い』を弾いてみて。ちゃんと弾けたらいいよ」と。

もう10年以上ピアノに触ったこともない。だからあんな難しい曲が弾けるわけがない。でもここで出来ないと言えば、シャンパンタワーは実現しない。だから私は「弾いてみせる！」と断言してしまった。

言ってからちょっと後悔する。だって、誕生日まで2ヶ月で弾けるようにならないといけなかったから。

それからは毎日早く出勤して、お店にあったピアノで猛練習をはじめた。最初は全然弾けないし、訳がわからない。それでもひたすら練習した。

そして誕生日の少し前、約束の日になった。

緊張しながらも、なんとか弾けた。そばで聞いてくれていたお客様は、すごく喜んでくれた。そして、シャンパンタワーをオーダーしてくれることになる。

とはいっても、全額ひとりで負担するのはしんどいかと思って、私は事前にもうひとりに根回ししていた。それは心のエース、すーさんだった。

こうして、この年のバースデーイベントは、2人のおかげで500万円のシャンパンタワーが実現した。『アールズカフェ』でもオープン以来初となる快挙だった。

ブログを見てくる人が増えはじめる

「シャンパン直瓶(ちょくびん)」が話題になったおかげで、この頃からブログを見てお店に来るお客様が増え始めた。たいていそういう人は「直瓶(ちょくびん)やってよ」と言う。だけどブログでやったのは「飲んでいるふり」だったから、最初はどうしようかと思った。だけどブロで挑戦してみようとやってみたら、なんと出来たんだよ。シャンパンを一気に1本飲み干せた。日頃からジンジャーエールが好きで、自然と鍛(きた)えてられていたのかも。でも1本飲むのは結構しんどい。どんなに頑張っても1日に飲める直瓶(ちょくびん)本数は1・5本が限界。

だけど、フェイスブックで実際に飲み干す動画をアップしたら、直瓶(ちょくびん)のリクエストがさらに増えた。値段設定を1回10万円にしても、100万円にしてもオーダーは止まらなかった。売り上げにつながるから嬉しいんだけど、飲めないものは飲めない。

だから、「みんなで回し飲みしよう」とか言ってさりげなく逃げていた。

まさかシャンパンの直瓶がそんなにウケるとは思ってなかった。

インスタを活用

同時にこの頃、インスタグラムもはじめた。

友達がやっていて、「流行りだからやりなよ」と勧められたからで、最初は「やりたくねぇー」と思ったんだけど。

やりはじめてから、お客様とのツーショットをインスタにあげたりすると、みんなすごく喜ぶの。「載せてもいい？」と聞くと、ほとんどの人がＯＫという。

それを見た人が、自分も載りたいとお店に来る。そんな雰囲気になっていった。

昔はキャバ嬢が接客しているときに、携帯を触るなんてＮＧだった。以前勤めていたお店では罰金になるくらいだった。だからお客様と連絡先を交換するときも、こっそりバレないようにしていたくらいなのに。

キャバクラに女だけで？

ブログとインスタ効果のおかげで、この頃から女性客が増え始める。それまでも男女ペアで来店するお客様はいた。だけど、女性同士で、ましてや女の子ひとりでキャバクラに来ることなんて考えられないことだった。だから、最初に女の子が来始めたとき、ホールにいるみんなが驚いて見ていたよ。「なんで？」という顔をして。

ＯＬから若い娘まで色々な人たちが来た。たいていは「本物のエンリケさんだ！　会いたかったんです」という感じだったけど、私も嬉しかった。

そのうち同業者であるキャバ嬢も増えてきて、「ブログに載せてください」と言われたこともあった。そういえば私も昔、お願いしに行ったなぁと。

もちろん、男の人も多く来た。

その中には、かつてＶＩＰルームで私の顔を一瞬見て「ちょっと、この子変えて！」と言った人もいた。

私のことは全然覚えていなかったけど、「エンリケに会いに来た」という。私はその人の顔も声も覚えていたからすぐに分かったけど、昔のことは一切口にしなかった。お客様の態度は以前とまったく違って、横柄さはなかった。私もニコニコしていたけど、内心あの時の悔しさを晴らせたと思った。

ナンバーワン奪取事件

キャバクラ界で有名なお客様のＫＺさんも来店してくれた。

その人はよく有名キャバ嬢のブログやインスタに登場する男性だった。

ものすごくお金を使うキャバクラ通として有名で、多くのキャバ嬢がお店に来て欲しいと願っている。私も以前勤めていたお店でちらっと見かけたことがあったから知っていた。

ただちょっと癖のある方で、店の締め日にスッと現れてナンバーをひっくり返す遊びが好きなことでも有名だった。

つまり、KZさんに嫌われると、ナンバーワンを引きずり降ろすためだけに違う女の子を指名して大金を使ったりする。

要するに、敵に回すと怖いタイプ。

私を指名してくれたけど、それを知っていたから「どうかお手柔らかにお願いしますね」などと先手を打っておいたの。

幸い気に入ってくれたのか、それからちょくちょく店に来てくれるようになる。

そんなある日、ある闘いが起こる。

『アールズカフェ』で、私はナンバーワンになることが多かったけど、2位になることもあった。誕生月の女の子に負けるから。でもそれはそれで良いと思っていた。

その日はちょうど締め日で、私はある女の子に追い抜かれていた。どんな流れでそんな話になったのか覚えていないけど、KZさんは「1位との差はどれくらいあるのか」と聞いてきた。私はそんなつもりは毛頭なかったし、せっかくの誕生月だからナンバーワンにさせてあげたいと言ったの。

だけど、ＫＺさんは「俺がさせない」と言い出した。私を応援したいというより、そういうゲームを楽しんでいるようだった。

まずは、通称〝アルマンド信号機〟と呼ばれる、キャバクラＶＩＰルームのステータスにもなっている高級シャンパンのアルマンドロゼ（25万）、アルマンドグリーン（25万）、アルマンドゴールド（12万）をオーダーした。

それを知った誕生月の女の子のスポンサーが何かをオーダーする。

するとこちらも追加するという競い合いになった。

結果、相手が追加でオーダーできない閉店の1分前ギリギリを狙ってＫＺさんが頼んだドンペリP2（20万）で、私が1位になり、誕生月だった彼女は2位になった。このときＫＺさんが使った合計金額は３０４万。

この出来事が原因で、彼女から嫌われてしまった。でも一年かけて、コミュニケーションをとってまた仲直くなれたけど、こういう争い方があるんだなと知った。

2017年 29歳〜（12年目）月給344〜2384万円

全国から人が集まるエンリケに

石川県や熊本県から女の子だけで来てくれたと日記にあるから、この頃からだったと思う、全国区になったのは。それまでもブログやインスタを見て来店してくれる人はいたけど、ほとんどは名古屋や岐阜の地元の女の子が多かった。

なぜ広がったのかといえば、インスタの影響が大きいのかな。なんとなくブログからインスタへ移行している時期だったような気がする。

女性客が増えるいっぽう、これまでの常連のお客様が離れていくことはなかったから、ナンバーワンが続いて、収入も増えていった。

初めてテレビ出演したのは、そんなときだった。でも最初は私に依頼があったわけじゃなくて、通っていたヘアサロンに取材が入ったの。

店長から「今度テレビ取材が入ることになったんだけど、お客として出てくれない？」と言われて、喜んで引き受けた。

取材当日、何かインパクトを残したくて、ミッキーの大きな耳をイメージしたヘアーセットをしてもらって出たの。東海地区のナンバーワンキャバ嬢という紹介で、「なんでナンバーワンなの？」と聞かれたから「シャンパンの直瓶（ちょくびん）が得意なんです！」とか答えて。名古屋ローカルの番組で、オンエアは5分くらいだったかな。

そしたらそれを見たのか、今度は全国ネットの番組から出演依頼があって。ちょうどバースデーイベントの時期だったから「お店へ取材に来ますか？」となり、12月初旬に「2日で1億稼ぐキャバ嬢」として全国ネットで放送されたんだよね。

オンエア後には、一晩でインスタのフォロワーが3万人くらい一気に増えて、さらに全国からお客様が来るようになった。

このTV出演をきっかけに、手帖に日記を書いているヒマがないほど全国からたくさんのお客様が来店され、日記は以降、携帯に記録するようになる。

ブログのシャンパン直瓶（ちょくびん）が1回目のブレイクだとしたら、これが2回目のブレイク。

『FENDI』のショーに招かれる

この時期に、ある人との出会いがきっかけだった。

Ｉさんというお客様で、お店には以前からちょくちょく来てくれていた。でも指名していたのは私ではなく、別の女の子だった。だけどいつもいいお酒がおりていたから、自ら進んでヘルプでつかせてもらった。そしたらＩさんは私のことを知っていて、喜んでくださった。

「今度ご飯に誘ってくださいよ」とお願いしてみたら、いいよということになって。

本来、指名されている女の子を差し置いてそんなことしたらダメなんだけど、その女の子はいいよと言ってくれて。もちろん、食べに行くのは彼女も一緒だよ。同伴の後は、私と彼女のふたりを指名してもらうことになる。ちなみに、彼女が本指名で、私は場内指名の形ね。

そんな流れで、私もＩさんの席につくことになった。

Ｉさんはインスタ映えにこだわる人でね。いろいろブランディングしてくれて第2

のぷーさん的存在になった。

当時はまだ有名じゃなかった白いアネモネがボトルに描かれたベルエポック（6万円）というシャンパンが絶対に流行るからと選んでくれた。フランスのエミール・ガレが描いたもので実に美しいデザインだった。さらにいろんなシャンパンを100万円くらいオーダーして、見栄えの良い並べ方も教えてくれた。「これを見慣れると他の人も高いシャンパンを頼んでくれるはず」と言って。

Iさんは1滴もお酒を飲めないのに毎月1000万円くらい使ってくれた。ありがたいよね。

それと、Iさんは『FENDI』の上顧客（じょうこきゃく）だった。だから、ダメ元で「FENDIのファションショーとかに行けないですかねぇ」と冗談半分で聞いてみたの。

そしたらなんと、『FENDI』の偉（えら）い人を知っていて頼んでくれて、憧（あこが）れのミラノコレクションに行けたの。

日本からは3組くらいしか招かれないショーに、私が入れるなんて！

何事も頼んでみるものだなぁと思ったよ。

私の根底(こんてい)にある原動力

SNSでブレイクして、テレビ出演で全国からお客様が私に会いに来てくれるようになり、売り上げは上がった。いつの間にか不動のナンバーワンにもなった。目標だった貯金一億円も達成出来た。傍(はた)からは成功しているように見えたかもしれない。

だけど私は満足していなかった。

その根底(こんてい)には何があるんだろうと思う。実家が取られたことは大きかった。でも家は取り戻した。なのに、まだ納得できていなかった。

もしかしたら、心の奥に怒りがあるのかもしれない。

キャバ嬢として働き出した頃、あるお客様から「お前なんて絶対ナンバーワンにはなれない」と言われたことがあった。顔を見ただけで「チェンジ」と言われたこともある。

私はブスとか色気がないよねと言われても気にならない。笑って返せる。

だけど屈辱的なことだけは許せない。もちろんその場ではお客様に笑顔で接するけど、心の中で見返してやろう、向こうから頭を下げさせたいと思う。

だから店休日以外、年間３６０日働いて、店でナンバーワンになった。それでも「ナンバーワンになれない」と言った人は結局認めてくれなかった。だから錦で一番、名古屋で一番、全国で一番と言われるまでになった。

だけどその怒りの根本は、お客様に向かってではない。自分に納得できないんだよね。だからさらに限りなく上を目指してしまう。

1億円貯めたら満足すると思っていたのに、達成したら2億、3億を目指してしまう。インスタのフォロワーだって45万人になったけど、もっと上を目ざしている。

辞めて銀座のママになろう

少し前から、引き際を考えるようになっていた。

有名になると、苦労も増えることを知ったよ。

テレビに出ると、フォロワーが増える。それによって商売がうまくいく、売り上げにつながるのは事実。

だけどフォロワーが増えると、アンチも増える。さんざん叩かれたりして少しは慣れたけど、批判されるとちょっとへこむ。

プレッシャーもすごい。ナンバーワンをキープするのはもちろんだけど、中でもバースデーイベントの重圧が年々増した。通知表みたいなものだから。

ありがたいことに、誕生月の売り上げは毎年上がっていた。その裏で、来年落ちたらどうしよう、暇だったらどうしよう、という不安も募っていく。常にのぼり調子でなければいけないという、自分との戦い。それが毎年、どんどん重くなっていく。

数年前から、イベントが近くなると緊張して眠れなくなった。一睡も出来ないまま出勤したこともある。そしたら頭が回らない。

そんな私を見かねて友人が睡眠導入剤を勧めてくれた。試しに飲んでみたら、しっかり眠れた。それ以来、『レンドルミン』が手放せなくなっていた。

そろそろ辞めどきかなぁと思っていた。

辞めて何をしようと考えて、銀座のママがいいと思った。自分が今までやってきたことが活かせるし、ＳＮＳからも卒業して、プレッシャーから開放されるかなと。

気になる人との出会い

8月にＢさんと出会う。東京の人で、仕事で名古屋に来たついでに寄ったみたいだった。最初はとっつきにくそうな、一筋縄ではいかない印象だった。でも実際に話すと優しい感じの人で、シャンパンも入れてくれた。その日のうちにＬＩＮＥでお礼メールが来たので、気分は害してないらしいと安心した。

Ｂさんはグルメ活動が趣味で、以降、月に1度のペースで関西の飲食店に来るついでに顔を出してくれるようになる。9月の来店時には「利きシャンパンをしよう」と提案された。「普段シャンパンをよく飲んでいるなら味が分かるはず。正解したら１５０万円のダンボネを入れるよ。外れたらシャンパン直瓶（ちょくびん）ね」というルール。

これは負けられないと思って受けて立ったんだけど、クリュッグ（7万円）、ドンペリP2（20万円）、ドンペリ（5万円）3本を飲み比べ、お互い1本ずつ間違えてドロー。せっかくの１５０万円を逃してしまったことがマジで悔（くや）しかった。私は間違えた罰として、シャンパンの直瓶。これが現役時代最後の直瓶になった。

「他の女の子としゃべっても別に面白くない」とＢさんのヘルプは基本的に黒服のコガリケ。コガリケが泥酔してヘン顔してるときには、ＬＩＮＥに画像が送られてきた。その画像を編集して『コガリケ大陸』としてアップしたら人気だったので、コガリケ画像のやりとりを通じてＢさんとの距離がかなり縮まる。

10月25〜27日に開催された3日間の誕生日イベントに、Ｂさんは2日間連続で来てくれた。売り上げは過去最高の2億5千万円。去年2日間のバースデーイベントの売り上げ1億円をはるかに超え、イベント最終日には全国からファンが１５０人以上駆け付け、過去最高の来場者数を記録した。店内は１０００万円超えのシャンパンタワーが並び、店外は総額７００万円超えの胡蝶蘭で彩られた。

3日間のイベントが終わったとき、燃え尽きた感じがした。こんなことはいつまでも続かない。辞めるなら今かな、と思った。

それで、誕生日イベントが終わった3日後、来年の11月末に引退すると店に伝えた。

11月にＢさんが来てくれたとき、キャバ嬢を辞めたら銀座のママになろうと思っていることを相談した。そしたら「いいね、俺、東京だからしょっちゅう行くよ」と言ってくれた。

驚いたことに、12月にＢさんが来た時には、私の相談を覚えていてくれて、銀座クラブ『Ｎａｎａｅ』の唐沢菜々江ママを、サプライズで連れて来てくれた。

「銀座のことを相談してみたら？」と。

私は、さりげない優しさに感動すると共に、Ｂさんを好きになってしまった……。

この日はみんなで利きシャンパンのリベンジをして、こんどは全員正解でまたもやドローだった。その後、菜々江ママを交えてみんなでアフターへ行って、ママから色々教えてもらったりして楽しい1日だった。

Ｂさんに恋をした私は、ダメ元で12月26日に「来年2月『ＦＥＮＤＩ』のミラノコレクションに一緒に行かない？」とＬＩＮＥをしてみた。そしたら即答(そくとう)で「行くよ」と返信があって付き合うことに。

とはいえ、Ｂさんは年末年始を海外で過ごすことになっており、毎日6時間くらいテレビ電話でデートを重ねた。

14年のキャバ嬢歴に幕を下ろす

Bさんは年明けに海外から帰国したその足で、名古屋を訪れ「結婚を前提にお付き合いしてください」と告白してくれた。その直後から名古屋の私の家で一緒に暮らすようになり、Bさんは新幹線で片道1時間半の通勤をスタート。新幹線通勤ときくと、すごい大変な感じがするんだけど、「東京で片道1時間半の通勤なんてザラ。満員電車で通勤している人を思えば全然大したことない」と言ってくれた。

仕事帰りに『アールズカフェ』にも毎日来てくれて、黒服のコガリケと楽しそうにシャンパンを飲んで待っていてくれた。毎月けっこうな金額を使ってくれていたけど、「ビールが好きな人がビールを飲むように、シャンパンが好きだから飲んでいるだけ」と笑っていた。

2月に『FENDI』の招待でBさんとミラノコレクションへ。

帰国前日の夜、ミラノのホテルでBさんから「心の中で自分の好きな数字を1〜9で思い浮かべて」と言われた。さらに指示通りにその数字に掛け算や足し算をして、最後にBさんのラッキーナンバーを足すと「1008」という数字に。Bさんに促されて同じホテルの1008号室を訪ね、扉を開くと、室内はハート型のバルーンやバラの花びらで豪華に飾られ、ベットの上にはバルーンで出来た「MARRY ME（僕と結婚して）」の文字があった。Bさんはその場でプロポーズをしてくれて、私は嬉しすぎて号泣してしまった。入籍は帰国後の3月10日にした。

結婚するから引退したと思っている人もいるかもしれないけど、実は逆で、引退を決めてから結婚することになったの。

旦那さんが、これまで付き合った人と違ったのは、私の両親のことを最初から気にかけてくれたこと。「元気にしてるの？」と聞かれて、父親が長年入院していることを話すと、一緒にお見舞いに来てくれたりして。そんなことを心配して、ちゃんと行動してくれる人なんて今までいなかったから、本当に感動した。

家族のことも大切に思ってくれる優しさが純粋に嬉しかった。

引退式は、11月27日の前夜祭から4日間行われた。『アールズカフェ』の社長がサプライズで私の顔がプリントされたトラックを走らせたり、店内やエントランスは飾り切れないスタンド花で埋めつくされ、何メートルにもわたって錦の街を彩った。後から聞いたら、街周辺の花屋から花が消えたらしい。そして、いくつもの巨大なシャンパンタワーが最後を飾ってくれた。多くのお客様がオーダーしてくれたもの。

4日間の引退イベントの売り上げは5億円を超えた。

旦那さんがたくさんの仲間に呼びかけて、2億円のシャンパンタワーを入れてくれたことも嬉しかった。こうして私は、有終（ゆうしゅう）の美を飾ることが出来た。

次の目標

ひとりで何とか生きていくには、14年間のキャバ嬢経験が活かせる銀座のママになりたいと思っていたけど、旦那さんから「結婚するなら、接待が伴う仕事はやめてほしいな」と希望されたので、キャバ嬢引退後は専業主婦になろうかと思っていた。

でもまだどこか自分で満足していないところがあった。水商売って、やっぱり社会からは認められていないから、偏見の目で見られたり、悔しい思いをたくさんした。

だから社会的地位を高めて、みんなに認められたいと思った。キャバ嬢のエンリケじゃなくて、経営者のエンリケとして。

そのために、「株式会社エンリケ空間」を立ち上げて、エステサロンやブランド買取、シャンパンサロンなど色々なことにチャレンジしているところ。

そしたら考え方が少し変わってきて、変な見栄を張りたいと思わなくなった。

今はこれまでと違った目標に向かってる。

恥ずかしいからあまり公言はしてないけど、上場企業の社長を目指してる。だって社長なら誰だってなれる。会社を作ればいいだけだから。

ちゃんと認められるには一部上場かなと。そんなのなれるわけないじゃんと思うでしょ？　だけど出来ないと思われることに挑戦したい。何年かかるのか分からないけど、チャレンジしてみようと思っている。

Chapter 2では、私が14年間のキャバ嬢歴の中で意識していたこと、実践したことを具体的に話していくね。

Bさん（お客様として出会って結婚へ）からの *message*

エンリケMemo

最初は気難しそうで、一筋縄ではいかない印象だった。だけどさりげない優しさと思いやりに感動して、気づいたら好きになっていた。ダメもとで、私の方からアプローチをしておつきあいに発展。

仕事で名古屋に行って友人たちと食事をしているときに、「エンリケっていう有名なキャバ嬢がいるらしいぞ」と聞かされて、「じゃ、せっかくだから行ってみるか」とお店に入ったのがきっかけです。

僕は顔も知らなかったんだけど、会ったら想像と全然違う、悪い意味で。六本木にいるようなキレイ系のキャバ嬢をイメージしていたのに、全然可愛くないじゃんと（笑）。

だけど、彼女は一緒に話をしていて実に面白かった。

今まで仕事でクラブやキャバクラに行く機会はけっこうあったけど、キャバ嬢との会話を面白いと思ったことは一度もなかった。以降、グルメ活動で関西方面に行く月1ペースで、お店に顔を出すようになりました。

その後、彼女から『FENDI』のミラノコレクションに誘われて、交際→結婚を経て今にいたるわけですが、どこに惚（ほ）れたのかはよくわからないです（笑）。「頑張り屋なところ？」と聞かれることもあるけれど、別に頑張ってても好きにならないですしね。

だけどインスタに上げる写真のこだわりとかは、すごいなと思います。加工はしないんだけど、撮る角度とかをちゃんと考えて。

ファッションショーに行ったときも、周りに美女がたくさんいる中でも淡々と撮影していて、メンタル強いなぁと（笑）。こんな答えでいいんですか？

chapter 2

ナンバー1になるための思考と戦略

指名をもらう、売り上げ継続の実践マニュアル（ナンバー1になるために実践したこと）

まったく売れない頃から、私が何を意識して、影でどんな努力をしていたのか、接客からタブーにいたるまで、現役時代には話せなかったことも含めてすべて打ち明けます。

ナンバー1になれる人となれない人の違い

当たり前のことをコツコツやる

これは案外出来ていない女の子が多いんだけど、遅刻しない、無断欠勤しない、サボらない、という基本的なことをしっかり守ること。

これまでの経験で、新人が入ってくると、その女の子が売れるか売れないか、少し見ていれば一ヶ月もしないうちにだいたい分かる。

ダメそうだなぁと思った子が予想に反して上がっていくことはまずない。その違いは何かというと、容姿ではないんだよね。

売れていく子は、やっぱりみんな当たり前のことを毎日コツコツやるし、努力もしている。ズル休みなんてしないし、サボることもない。そうするとお店からもお客様からも信頼が返ってくる。

ダメな子は、彼氏とケンカしたから行きたくないとか結構いる。

私を見れば分かると思うけど、特別可愛いわけでもないでしょ。私より容姿がいいキャバ嬢なんていくらでもいる。私が実践しているのは、当たり前のことは守って、休まない。

それから、感謝の気持ちを後回しにしない。来てくれたお客様には次の日に必ずお礼メッセージを送る。これをやらない子が結構多い。だから言葉にして早く伝えることが大切だし、いつの間にか差がつく。

給料の交渉ばかりしている子や、陰で悪口ばかり言う子も伸びない。だから外見を磨くより、内面を磨いた方がいいと思う。

なんだか偉そうなことを言っているみたいだけど、最初にキャバ嬢として働き出した頃、スタッフも同僚もお客様も誰ひとり私が将来ナンバーワンになるなんて思っていなかったんだって。よく驚かれたもん。

だから諦めないで。真面目にコツコツやっていれば、きっと報われる日が来ると思うよ。こんな私にも出来たんだから。

売れるためのキャラ作り

自分に合った武器を見つける

売れているキャバ嬢は大きく3パターンに分かれるんだよね。

ひとつは、美人で高飛車（たかびしゃ）でわがままな**命令女王様タイプ**。

こういう人に弱いM系の男性はお金を使いたがる。「私、30万円以下はシャンパンだと思わないから」「それしかお金を使わないなら、私を指名しないで」って本当に言うキャバ嬢がいるからね。そういう子はそれが板についているから、嫌われることもあるけど、受ける人には受ける。


次は可愛らしくてお人形さんのような**無邪気なお姫様タイプ**。

このタイプは、キャバクラやクラブのVIPルームのステータスにもなっている高級シャンパン『アルマンド』のロゼ、グリーン、ゴールドの3本セット総額60万円超の「アルマンド信号機頼んでいい？♡」「エルメスのバーキンがほし〜♡」と可愛くおねだりができる。お姫様だから、何百万・何千万円のプレゼントをもらっても「ありがと〜♡」の満面の笑顔がお客様へのご褒美。

最後はとくに容姿で勝負ができるわけでもない、**パッと見フツーな一般人タイプ**。このタイプは、命を削って努力をしていくしかない。ちなみに、私もここに入る。お客様にお金を使ってもらう価値を感じてもらうためには、一生懸命努力する姿を見せることで、応援してもらうしかない。

ただ、黙っていたんじゃお金を使ってくれないから、使いたくなる「何か」がないといけない。それはこの本にまとめてあるからぜひ勉強してもらいたい。

たとえば、本来引っ込み思案な女の子が頑張って女王様キャラを演じても、無理しているから違和感がある。まずは自分がどのタイプなのかを正しく見極めて、自分に合った武器を使った方がいい。

私の場合、18才当時は敬語も使えず散々。反省して次は猫をかぶっておしとやかにしてみたけれど、それだと特徴がなさすぎてある一定以上は売れなかった。本来の自分を活かしたはっちゃけキャラに変えたら、その方がウケたし、無理しなくていいから楽だった。

キャラを無理に作って演じても、辛いしボロが出てしまうからね。

基本的に、あまり恥ずかしがらずに欠点もさらけ出すくらいの方がいいと思う。完璧主義者の男性なんていないから、なんでもソツなくこなすよりは、少しおっちょこちょいくらいの方がウケたりすることもある。

重要なのは、無理に演じるのではなく、しんどくないキャラを見つけることかな。

お客様に合わせてキャラを使い分ける

自分の武器を見つけたからって、お客様全員にそのキャラで行くのは違うかな。

私も素ではあるけれど、あるところでは計算して、相手によっては多少変えている。

たとえば気さくそうな人だったら、はじめましてでも、昔から馴染みのお客様かのように「どうも！ エンリケです」でいいけど、気難しそうな人だったら「はじめまして、エンリケです。よろしくお願いします」と丁寧にお辞儀をしてスタートする。

基本的には元気いっぱいで裏表がない素のキャラでやっているけど、相手をちゃんと見て、その人が喜びそうな温度に合わせるようにしているよ。

また、お客様をバカにしないなど基本的なルールは自分の中にしっかりある。私をリスペクトしてくれている子の中には、はっちゃけすぎてしまっているケースがある。例えば、高級なスーツでいらしたお客様にシャンパンをプロ野球の祝勝会ばりに遠慮なくかけちゃったり。これはエンリケ的には絶対にやらないこと。

また、お客様の前に出るときには清楚でお嬢様らしい服装と髪型を心がけている。YouTubeではスッピンもさらしているけど、仕事中はきちんとヘアセットして、化粧をしてドレスを着る。もともと猫背で、中学生時代「アリ」と呼ばれたこともある私だけど、背筋を伸ばしてどこからみても美しい姿勢を意識している。キャバ嬢って、女である自分を商品にしている職業。だからお金を払ってでも会いに来る価値がないといけない。会社や近所にいるような女ではお金を使ってもらえない。そこは名古屋弁丸出しで変顔を披露していても、崩さずに大切にしていた部分かな。

売り上げ目標設定と夢の実現方法

落ち込んでも休まない

私だって嫌なことがあって「今日は行きたくねぇー」と思う日は何度もあった。昔は休んでしまったこともあった。でもそれではいけないと考えを改めてからは、何があっても休まなくなった。

いいことばかりじゃないから、お店で嫌なことだってある。そしたら翌日は、気分が上がる黄色とか明るい色の服を着て出勤していた。

Chapter 1でも書いたけど、ライバルは自分。先月の売り上げより1万円でもアップさせるためにポイント、同伴人数、指名人数、入ったお酒、時給、月給を日記に書いておく。自分の現状や問題点を把握(はあく)するために。

目標は手の届きそうなところから

それと具体的な目標を立てることも大切。私だって最初から売り上げ日本一のキャバ嬢になることが目標だったわけじゃない。

最初は、店でナンバーワン、次に錦でナンバーワンというようにひとつひとつクリアしていった。

だって、新人のときに、いきなり日本一を目指しても、遠すぎるから挫折しそうでしょ。私はなれるとも思っていなかったし。

貯金額だって同じで、最初は１０００万円が目標だった。それが達成できたら次に1億円を目標にした。

だから、なんとか手が届きそうな目標から設定して、それが達成できたら次を目指すのがいいんじゃないかなと思う。

売り上げが伸び悩む停滞期への対応

お店の人とコミュニケーションを取る

私にも経験があるから分かるけど、売れてくるとお店での待遇が良くなる。例えばフリーで大学生と、お医者様が入ってきたとする。

一般的に考えて、お金を使ってくれそうなのはお医者様でしょ？　ナンバーが上がってくると黙っていてもお医者様につけてもらえるようになるの。

お金を使ってくれるお客様が増えれば、売り上げだって維持しやすくなる。売れればお店に広告宣伝費をかけてもらって雑誌で紹介してもらえる。結果、指名や同伴が増えてさらに稼げるようになるの。

逆に、売れてない子の待遇は良くない。指名がないから早上がりさせられるし、いいお客様につけてもらえない。

で、稼ぎが減るわけ。この負の連鎖を断ち切って上にあがるにはどうしたらいいか。

それはお店のスタッフとコミュニケーションを取ることだと思う。

売れていなくても人間関係が出来てれば、相手も人間だから何かと協力してくれる。

具体的には、普通にしゃべりかけたり、「お疲れ様でした」と声をかけたりする。

私は売れていないとき、黒服さんに「どうしたら指名が取れるようになれますかね？」とか素直に聞いてた。あと、「お疲れ様でした」とチロルチョコを渡したり。

安いものでもいいの、気持ちだから。

そしたら、言葉で伝えることで頑張ろうという意欲はあるんだねと分かってもらえるし、応援してくれるようになる。結果、フリーで良さそうなお客様が来たときに、つけてくれたりするんだよ。

だから売れてなくてもあまり気にしない方がいいんじゃないかな。

腐らずに積極的にお店の人とコミュニケーションを取るようにすれば、きっとチャンスは巡ってくると思うよ。

ヘルプ時代の心がけ

覚えておくべきタブー

フリーでついたお客様から連絡先を聞かれて教えるのはＯＫだし、積極的にやった方がいいと思うけど、指名されている女の子の席にヘルプでつく場合はダメ。名刺を渡すのも、もらうのもダメ。こっちはそのルールが分かっていても、知らないお客様が多いからね。そういうときは、「指名している子に聞いてください」と伝える。

私の場合、どの子を選ぶかはお客様の自由という考えだったから、ヘルプについた子とお客様との連絡先交換はＯＫだったんだけど、普通はダメだから。

たとえばAちゃんを指名していたお客様が、ヘルプについたBちゃんと連絡先を交換して、次に来たときにBちゃんを指名したら出禁になるお店もあるから。

お酒が弱くて悩んでいる子もいると思う。それでも乾杯だけはするのがマナー。黙って座っていないで、指名された子が席にいない間に場を盛り上げておくことは忘れずに。

その際、お客様との会話でいちばん無難なのは、指名されている女の子を褒めること。そうすれば指名しているお客様も喜ぶし、裏で口を聞いてくれないような先輩でも、少しずつ打ち解けてくれる。ただし、「A子さんて同伴が多くてすごいですよね」とかは逆効果になるからダメだよ。お客様と指名されている子以外の世界は感じさせないのがルール。

また、お姉さんや同僚がSNSで公開している情報を正確に把握していることも大切。「今日は21時出勤」と書いてあれば、事実は22時出勤でも他言はしない。

そのほか、いくら指名されている子とお客様が親しげにしていても、その子のプライベートについては話さないように注意すること。

以前、私と同僚の子が一緒に海外旅行に行くことになっていて、当然お客様も知っていると思って話したの。そしたらまだ話していなかったんだよね。「勝手にプライベートを話さないでよ」と同僚に後からこっぴどく怒られたことがあるから。

エースの育て方

身に付けているものを観察する

キャバクラ界では「エース＝太客」のことを指すんだけど、私の場合、エースはお金を使ってくれるだけじゃなくて、困ったときに助けてくれる、心の支えになってくれるような人のこと。でもここではたくさんお金を使ってくれる太客の話するね。

初めて出会ったお客様がお金持ちかどうかは、見た目でだいたい分かる。高価な洋服はまず素材が違うし、時計や靴など、すべてにおいてハイブランドのアイテムには、大量生産品にはない重厚感や、レア感がある。それが見分けられるようになると、ブランド名がドーンと入ってなくても、気づけるようになる。

例えば、私たちがネットで一目惚れして洋服を買ったとき、写真ではエレガントで素敵だったはずなのに、生地が悪いから実際に着たら安っぽいなんてことあるでしょ。素材と金額は絶対に釣り合っている。

良いものや、ブランド品を見極めるためには勉強をするしかない。雑誌などを参考にするのもひとつだけど、やっぱりハイブランドのショップに実際に足を運んで実物を見て覚えるのが一番いい。ただ漠然と眺めていても何がポイントなのかが最初はよくわからないから、お店の方にこの商品はどういう特徴があるのかなども教えてもらっていた。

ちゃんと記憶をすると、お客様がいらしたときに「その時計パテックフィリップですよね？　限定品でなかなか手にはいらないんですよね？」と話のきっかけがつかめるし、会話が弾む。気に入ってもらえると、結果的に売り上げにもつながる。

逆にお金を使わない人の特徴は、リュックサックを背負っている、ボロボロのスニーカーを履いている、チェック柄のシャツ、服がよれよれで毛玉だらけ、といった分かりやすい傾向もあるかな。

ただ、ボロボロの格好をしていても、ものすごくお金を使ってくれる人もたまにいる。見た目だけでお客様を値踏みして、接客態度を変えるのはやらないこと。

身に付けているもの以外のポイント

お金に余裕があるお客様は、姿勢が良かったり、表情が明るかったり、しゃべり方もどこか上品な雰囲気がある場合が多い。

髪型は整髪料を使って、きちんとセットしていて、朝ついた寝ぐせを水で濡(ぬ)らしただけなんてことはありえない。肌や爪もきちんと手入れしているから、つややか。

余談だけど、ブランドロゴがどーんと書いてあるようなスウェットを着て、ゴツくて派手な時計やネックレスをしているオラついた輩(やから)系は、100%お金を使う。そういう人は強引なタイプが多いから、最初のつかみは下手(したて)に出るのが無難かな。

自分が育てていると認識してもらう

太客になってもらうためには、リピーターになってもらうことが何よりも大切。それには、自分が育てていると認識してもらうのがいいと思う。

たとえば、ランキングが低いなら、そのことを素直に相談すればいい。ランキングはネットでも公表されているし、トイレにも貼ってあるから、お客様も見られる。少しでも順位が上がったら、「●●さんのおかげで、上がりました！」と報告すると喜んでくれる。

さらに、お客様の好みや趣味をリサーチして、誕生日には必ずプレゼントを渡す。もらうだけじゃなくて、きちんと御礼をしていると、結果は後から付いてくるはず。

ただ、太客だけに頼ると、いなくなったときダメージが大きいから頼りすぎは禁物。

ブログやインスタで意識していること

画像加工はしすぎない、悪口は書かない

キャバ嬢がSNSをやるべきかどうかといえば、やった方がいい。私はブログでブレイクしたし、インスタをきっかけにたくさんのお客様が来店してくださった。ただ、漠然(ばくぜん)と始めればいいかというとそうでもなく、当たり障(さわ)りのないことをアップしてもフォロワーは増えない。では私はどんなことを意識しているか。

「あと10分で歯医者」と寝起きのすっぴんでエレベーターにのる様子をのせたり、「アンチに鼻フックって言われた！」と変顔をしてみせたり、なるべく人が見て面白いと思ってくれることを心がけている。

画像をアプリで加工しすぎるのはあえて避けている。少しでもキレイに見せたいのは私も同じ気持ちなんだけど、それをやってしまうと実物を見たときに「もっと可愛いと思っていたのに」とガッカリされて売り上げにつながらない。

逆に変顔をアップしておくと、「なんだ、実物は思っていたより可愛いんだね」とギャップが生まれて、好印象に変わったりする。

マイナスからスタートした方が何かとおトク。

あと、他人の悪口や差別的な発言をするのはご法度（はっと）。見た人が不快になるし、自分にとっても良いことは何もないから。

批判コメントが来たらもちろんへこむけど、削除（さくじょ）はしなかった。たとえアンチな書き込みでもコメントの数としては増えるわけだから、ありがたい。

さらに、アンチに対しても「ありがと♡」などちゃんとコメントを返すことで、コメント数のカウントは倍になる。今では「いいね！」を押すくらいしかできないことも多いけど、アンチも大切なお客様と意識している。

もちろんはじめた当初はそんな強いハートは持っていなかったよ。だけど今ではそれが出来るようになった。

ブログやインスタは無料の広告！　絶対に活用するべき。

お酒と体調管理

睡眠はしっかりとる

当たり前だけど、体調が良くないと働けないし、頭が回らない。そのために私はしっかり8時間は寝るようにしていた。

現役時代は、深夜1時にお店が終わってアフターへ行くと、帰宅するのがだいたい3時頃。2日酔い対策で、寝る前に オーエスワンで『ミラグレーン』を2錠飲む。酔っぱらっているので気絶するようにベッドに倒れ込み、起床は朝7時。まずお客様へのＬＩＮＥを送ったり、洗濯したり、ブログを書く。そうこうしてると時刻は13時。この時点ではお酒が入っていないので眠るために病院で処方してもらった睡眠薬『レンドルミン』2錠を飲んで16時まで昼寝をする。それでちょうど睡眠が8時間になる。

16時にジムかエステに行き、18時〜同伴して21時に出勤。ゴルフなどで睡眠時間が少なくなることはあったけど、だいたいそんな生活リズムだった。

よくファンの子から「エンリケさんはどうして毎日そんなにお酒が飲めるんですか？」「もともとお酒が強いんですか？」と質問される。でも、最初私はお酒が一滴(いってき)も飲めなかったし、プライベートでは今も飲まないし、好きじゃない。でも飲むのが仕事だったから飲んでいたの。幸いアルコールがダメな体質ではなかったから、飲めたけど、今でもそんなに強い方ではない。でもこれくらいまでは大丈夫、という自分のラインを知っていたから、飲みすぎて倒れるなんてことはなかった。3年に1回くらいは健康診断を受けていたけど、γ(ガンマ)-GTPもまったく問題ない。

2日酔い対策でやっていたことは、シャンパンのグラスに氷を入れる。お酒を飲んだらお酒の半分の量の水を飲むようにするなど。その他は、翌朝に『ガリガリ君』のソーダ味で糖分を補給をするのも欠かさなかった。それでもどうにもならない部分は、気合いでなんとか乗り越えていた。

絶対的なタブー

話題のタブー

すでにキャバクラで働いている人は知ってると思うけど、接客するときにタブーな話題があるんだよね。

たとえば、キャバ嬢がスポーツの話をするのはNG。お客様や自分がやる話ならかまわないんだけど、プロ野球とかJリーグとか、どこのチームが好きかなんて人それぞれだから、違った場合に嫌な空気になるでしょ。

他にも職業や年齢は聞かない。自分から話してくる人の場合はいいんだけど、こっちから聞くのはダメ。それから、夜にLINEを送るのも私は避けていた。別に怪(あや)しまれることはしてないんだけど、夜はたいていい家族と過ごしているから。

常連さんへのタブー

それから、常連さんが接待で誰かを連れて来店されたときは要注意。向こうが「久しぶり」と言ってきたらかまわないけど、それ以外だと、私は初めて会う顔をする。

なぜなら、接待する人にしょっちゅう来ていると思われたくない人もいるから。だから、たとえ常連さんであっても、ちょっとよそよそしかったら、顔見知りなそぶりは見せない。そうしていると、「こいつ分かってんなぁ」となって、また来てくれる。

それとは逆に、自分が常連であることをアピールしたい人もいる。そんなときは、「いつもありがとうね！」という風に接する。それはお店に入ってきたときの態度をよく見ていると、どっちを望んでいるか分かると思う。

主賓を見極める

お客様が複数で来た場合の心がけ

たとえば男性４人で来店した場合。

座る位置（上座や下座）で、誰が主導権を握っているのか分かる。乾杯の仕方でも分かる。

ただ、主賓が誰かが分かってもお金を払うのは接待する方だったりするから、誰が重要な席なのか良く分からないこともあるんだよね。接待する側に気に入られたらまた来てくれるわけだし。

そんなとき、私なら接待する側の人に「誰に気を遣えばいいですか？」と笑顔で素直に聞いちゃう。予算もそれとなく確認すると、失礼がなく接客しやすい。

あと気を付けなくてはいけないのは、話している人だけに意識を集中するのはタブー。自分に置き換えて考えてみるとわかるけど、まったく自分の目を見て話してくれない場合、疎外感を感じて寂しくなるでしょ。お客様の顔は均等に見て、目を合わせるようにしている。

女性が男性を連れてお店に来てくださるケースがある。

このような場合、男性客に甘えたり、たくさん話しかけてはいけない。店に男性を連れてきてくれたのは女性であって、たとえ男性がお金を払うとしても、主導権は女性にある。だから最も大切にすべきは女性であることを間違えてはいけない。

もしそこで男性から連絡先を聞かれても、絶対に教えない。そんなときは「彼女と一緒にまた来てくださいね」と答える。そうすると、女性からの信頼が得られる。

仮にその後、男性がお客様として来てくれた場合も連絡先は交換せず、連絡は絶対に女性を介して行う。「今日、●●さんが来てくださいました。▲▲さんのおかげです。ありがとう」と。

これは誰かに言われたり、教わったことではないけど、色々な人と接して学んだ。

満足いかずに帰りそうになった時の対処方法

空気を変える

せっかく来てくれても、中には何か気に入らないことがあったのか不機嫌そうな顔で「帰るわ」というお客様もいる。

そのまま帰してしまったら、次はないでしょ。だから私は帰る前に仕掛けるようにしていた。

基本的にお客様の満足度はお会計の仕方でわかる。

あ、まずいな……と感じたら、それまでついていた女の子を変えて、別の子を呼んだりして場の空気を変える。自腹で1本2万円のシャンパンを出したこともある。それで「飲み直しましょう！」というと、機嫌（きげん）が直ることもある。

それまでいた子が何か失礼なこと言っちゃったり、色々なケースがあるんだけど、雰囲気を変えることが大切。

他にも、フルーツをサービスしたり、グラスのシャンパンをサービスするということもしていた。キャバクラではどこもだいたいフルーツやグラスのシャンパンを用意していて、お客様が注文した場合はお金がかかるけど、キャバ嬢が頼む場合は無料で提供できる場合が多い。

そうやって具体的にお詫びの気持ちを表現すると、だいたい「もう少し飲もうかな」となって、フォロー出来る。

重要なのは、そのまま帰してしまわないこと。どんなときも、出来るだけ満足してもらうようにしていたかな。

会計が間違っていたのが後で発覚して、後日お客様の会社までお詫びの品を持って謝罪に行ったこともある。そしたら、その方は「わざわざありがとう」と感心してくれて、それからもよくお店に来てくださった。

ただお店で来店を待つだけでなく、行動で気持ちを示すことが大切だと思う。

信頼関係の築き方

感謝の気持ちの示し方

私はいつも、お客様と長く付き合えるよう努力していた。

お客様とキャバ嬢という上辺(うわべ)だけの付き合いではなく精神的なつながりがあった方がいい。信頼関係を築いておけば、何かがあったときに力になってくれるし、人脈が広がったりもする。それに付き合いが長くなっていくとだんだんその人のことが分かってくる。

そこで私がよくやっていたのは、手作りの料理を作ること。たとえば、一口カツサンド。食パン4枚くらいで2セット作る。指名の予約が入っていたら、「あなたのために作った」と言って出す。

ふらっと常連さんが来店した場合には「これ私が作ったんだけど食べる？」と言って出す。そうすると、みんなすごく喜んでくれるんだよね。

カツサンド以外にも、マッシュポテトとか簡単に作れてさっと食べられるものをよく作っていた。こういうことはみんな覚えてくれていて、何年か後になっても「あのとき作ってくれたよな」と言われたりする。

お見舞いにもよく行っていた。いつもお世話になっている人への感謝の気持ちがあると、自然とそういう行動になる。

あるとき、常連さんが体調を崩して入院したと聞いて、車で1時間以上かかる病院までお見舞いに行ったことがある。そうすると「こんな遠くまでありがとう」とすごく喜んでくれた。

他にもお世話になっている人が入院すると、必ずお見舞いに行くようにしていた。この少しの気遣いによって、お客様との信頼関係は一層深まった。

エンリケ流「色恋しない」とは

色恋はタブーだけど、夢は壊さないのがマナー

キャバクラに疑似恋愛を求めてくるお客様は、たしかに多い。だから色気を振りまいて、男性をその気にさせるキャバ嬢はたくさんいる。だけど私は色恋営業はしない。というか、出来ない！　そもそも色気がないし、うまく計算できないからね。

それでも昔は、下心が丸見えのお客様もいた。

たとえば「この後、ホテルに行こうよ」とド直球を投げてきた人もいる。そこでキッパリ断ると、露骨に機嫌が悪くなって、もうお店に来なくなる。それでは売り上げにつながらない。困ったもんだよね。だから断り方も大事。

基本的には「この後予定があるので」とはぐらかしていた。「今日は生理なの」と言ってもいいし。でも、いつなら予定がない？　生理じゃない？　と正直きりがない。

真面目に付き合いたいと言われたら、「告白してくれて嬉しい！ でも今は仕事が一番いい時期でナンバーワンを目指したいの。応援してほしい。落ち着くまで見届けてほしい。落ち着いたら考える」と答えていた。「付き合えないから！」とはっきり断っちゃうとお店に来なくなって、売り上げにならなくなる。だからそこはうま〜くかわしてた。キャバクラは夢を売る仕事だから、夢は打ち砕かないのがルールだしね。

色恋を断るのは、はっちゃけキャラになってからは、断然ラクになった。

「彼氏はいるの？」と聞かれたら、「日替わりで月火水木といて、金曜なら空いてるけど、どう？」と返したり、「付き合って」と言われたら「私、結構臭うけど大丈夫？」と返したりすると、笑って終わる。

でもそんなことが言えなくて、困ることもあると思う。下心丸出しでアフターに誘われたりしたら。そんなときは、ひとりで行くんじゃなくて、もうひとり女の子を連れて行った方がいい。出来るだけ酔っ払っている子を。

するとそんなエロい雰囲気ではなくなるから、相手はきっと諦めめる。

派閥は作らない

キャバクラは１つの大きなチーム

働き始めた頃は、お店の中に派閥があった。２人のお局さんがいて、にらみ合っていた。派閥に入っていればいじめられなかったりしたけど、私はどちらにも入らなかった。もともと八方美人だったこともあるけど、やりづらいと思ったんだよね。それに面倒臭い。

どちらかの派閥に入ると、もういっぽうの派閥のお客様からは指名がもらえなくなる。いがみ合っていると、そういうのが顔に出るからお客様にも伝わってしまう。だからどっちにも入らないことにしたの。

だけど、中立な立場を取るのもなかなか難しいでしょ。

だから私は、表では両方と仲良くしているとは見せずに、陰でこっそり話したりしていた。どちらからも睨まれないために。

世代交代して、私がベテランになった頃には、派閥は作らせないようにしていた。新人が入ってもすぐに進んで仲良くする。

最初に入ったお店で自分が売れてなかった頃、若くてかわいい新人が入ってきたら、ちょっとうざく感じたことがあるんだよね。対抗心というか。いじめたりはしなかったんだけど、そのことを反省してからは、新人をすぐに受け入れて、ひとつの大きなグループになることを意識していた。

キャバクラはチームワークだからね。

どんなに優秀でも１人では絶対に限界がある。

LINEの活用法

LINEをお客様の記録として使う

久しぶりにお店に来たお客様でも、自分のことを覚えてくれていると喜ぶもの。定期的に何度も来てくれている人なら顔も名前も覚えているけど、特に印象がなかった方の2回目とか、3年ぶりとなると、顔と名前が一致しないこともある。多いときは顧客数が3000人くらいだったから、全員正確に覚えられるわけがない。

だから私は、LINEをメモのように活用していた。

最初にLINE交換したときに、「記念に」といってツーショット写真を撮って、その時に入ったドリンクも一緒に撮っておくの。

御礼メッセージを送るときは、その人と交わした会話や、個別の情報を入れておくといいよ。

たとえば、福島県から来てくれた人なら「昨日はわざわざ福島から来てくれてありがとう」とか、今度インドに行くと言っていた人には「インド旅行楽しんで来てね」というように。そうすれば、次回来てくれたときに履歴を見たら思い出して「インド、どうだった？」とか聞けるでしょ。

「昨日はありがとうございました」みたいな定型文だったら、前回どんな話をしたのか思い出せないからNG。

もし次にお客様が来店したときに、誰だか思い出せない場合は、「何でかわからないけど、LINEが消えちゃって。悪いけど、何かLINE送って」とすぐにお願いする。そうすれば履歴があるから名前が分かるでしょ。

絶対に「どなたでしたっけ？　お名前教えてください」とは聞かない。何としてでも相手に忘れてしまったことは悟らせない。誰だったのか思い出して会話をするのが重要だよ。

プレゼントの選び方、メッセージの送り方

エルメスの6400円バスタオルは最強

常連さんには誕生日メッセージを送るのはもちろん、必ず誕生日プレゼントを用意して次に来店したときに渡すようにしていた。

それもありきたりのプレゼントではなく、その人が何を喜ぶか、他の人とどうすればかぶらないかを考えて。

お客様が年間使ってくれている金額の1／100がプレゼントの金額相当。これは以前にお客様の浜さんが教えてくれたこと（P.48参照）。

たとえば、お客様がいつも愛用しているブランドがあれば、そのショップに足を運んで、担当さんにその人が好きそうで持っていないモノを直接聞く。そうすれば、す

ごく喜んでもらえる。こっちのセンスで選んだって、本人の好みもあるしね。

誕生日プレゼントを渡すのは、たくさんお金を使ってくれた常連さんだけではないよ。初めて来たお客様でも、その日が誕生日だとわかればあげていた。

実は、そんなときにすごく重宝（ちょうほう）するものがあるの。それがエルメスのバスタオルで、６４００円くらいなのに大きな立派な箱に入ってリボンがかかっているのよ。それを見て誰も６４００円とは思わないくらい豪華。それと、ハイブランドの靴下も便利。もらっても困らない誰でも使えるものをお店の裏にストックしてあったよ。


人によっては私がシャンパンをおろすこともあるし、フルーツを提供することもある。するとみんなびっくりして喜んでくれる。

それが後々売り上げにつながる。でも売り上げだけじゃなく、お客様との関係も深まるんだよね。だから別に返ってこなくてもいいと思って、10年くらい前からやってた。

やり方は色々あるけど、御礼や誕生日プレゼントをして怒る人はいないから、やった方がいいと思う。フルーツは多分どこのお店でもあるし、キャバ嬢がオーダーしたらタダの場合もあるから。

誕生日サプライズで手料理を作ったことも

色恋営業じゃないから、お客様の家でお客様の彼女と手料理を作ってサプライズ誕生日会をしたこともあるよ。

まずはお客様の彼女と連絡を取り合って、お客様が仕事に行っている間にお部屋に潜（もぐ）り込んで彼女と私で料理を作る。

お客様が帰って来るタイミングで私はクローゼットに隠（かく）れて。

持参したシャンパン『ドンペリP2』（お店価格20万円）を持って私が出ていったときの彼の驚きようがおかしくて。彼女とふたりで笑ったなぁ。

だけど、彼にとっては想い出のシャンパンになったみたい。

それからは頻繁（ひんぱん）にお店に来てくれるようになって、今まで飲んでいたのは3万円のボトルだったけど、その時の想い出のシャンパン『ドンペリP2』を頼んでくれるようになった。

別にそれを狙（ねら）ったわけではなくて、結果が後からついてきた感じかな。

お客様はみんな私よりずっとお金持ちだから、自分がほしいものはだいたい持っている。だからこそ、手作り料理は感謝の気持ちを示す最強のプレゼントだったよ。

お祝いメッセージは必ず送る

誕生日を聞くと、すべて「ジョルテカレンダー」というアプリに入れて管理してた。それで日付が変わる０時ピッタリにメールする。

メッセージは「お誕生日おめでとう」の定型文だけではなく、その人との会話や個別のエピソードを必ず入れる。

お金がないときは、プレゼントの出費もなかなか厳しいと思う。

だからまずは気持ちを込めて、お祝いのメッセージを０時ピッタリに送るところから始めてみるといいと思う。

第一印象を良くするために

コンビニの店員さんにも「ありがとう」

接客中に笑顔でいることは当然なんだけど、普段からスマイルを心がけている。誰だってオンとオフはあると思うけど、私の場合、オフになるのはひとりで家にいるときくらい。それ以外は、仕事やプライベートを問わず、タクシーに乗るときも笑顔を意識している。だって、第一印象を良くする癖(くせ)をつけたいから。そうしていると、仕事でも自然に出来るようになるんだよね。

もうひとつ、タクシーの運転手さんにもコンビニの店員さんにも必ずお礼を言うようにしている。同じマンションの住民や守衛(しゅえい)さんにもきちんと挨拶をする。良いこともあるんだよ。普段からそうしていると助けてくれたりするんだよ。

たとえば、普段からコミュニケーションを取っていると、マンションの守衛(しゅえい)さんが写真を撮ってくれたり。インスタとかで「これ、誰が撮ってるんだろう？」と思うことがあるかもしれないけど、実は守衛さんだったりする。顔見知りになってお願いしてみたら「いいですよ」と快くやってくれたりするの。撮ってくれる人がいなくて困っていたからすごく助かった。

他にも、いつも立ち寄るコンビニの店員さんで、挨拶を交わしているうちに仲良くなった年上の女性がいて。トークショーをやることになって司会を誰に頼もうと困っていたときに、お願いしてみたの。「司会をやってくれませんかね？」って。

最初は「私が司会なんて無理だよ」と言ってたんだけど、結局引き受けてくれて、しゃべりがうまくてトークショーがすごく盛り上がったんだよね。

頼む私もどうかしていると思うけど、普通やってくれないでしょ。しかも謝礼を払うって言ったのに、口座番号を教えてくれないの。今でも近くに行ったら寄るんだけど、お母さんみたいで本当に優しい。

見返りを求めているわけじゃないんだけど、いつも笑顔で接していると、困ったときに助けてもらえることもある。

お客様の急な誘いも快く（こころよ）OK！

お願いは出来るだけ断らない

夜9時に電話があって、「明日ゴルフ行かない?」と誘われたりすることがあるの。

そんなギリギリに誘われたら、普通は断るでしょ。でも私は断らない。

なぜなら前日に誘うのは、きっとドタキャンが出て困っていて、その穴埋めを探しているんだろうなと思うから。だから「いいですよ」と快諾（かいだく）すると、助かったとすごく喜ばれるんだよね。ゴルフは私も大好きだし、ゴルフに行けばきっとその後お店に来てくれるから、売り上げにもつながる。

昔から断るのが苦手というものもあるかもしれないけどね。

色恋営業はしないけど、お客様から「今から飲みに行こうよ」と誘われたら、スケジュールが許す限りＯＫする。

たとえば深夜3時、酔っぱらって倒れ込むように寝ている枕元で携帯が鳴るときがある。用意なんてまったくしていないし、すでに体力的にも限界状態。私はそれでも断らない。「急いで行くけど、支度があるから15分くらい遅れるけど大丈夫？」と聞いて、タクシーで向かう。それは睡眠薬を飲んで昼寝をしている時間帯でも同様。

現役時代は当日同伴もよくあって、いきなり食事に誘われたりする。

そういうときも出来るだけ行く。たとえすでにご飯を食べてお腹いっぱいだったとしても、それは言わない。少しだけ食べながら「最近、少食なんだよね」とか言ってごまかす。だって、もうご飯食べたと正直に言えば相手に悪いでしょ。そんなときに誘って悪かったなと思わないよう、隠すようにしている。なぜそこまでして誘いを受けるのかというと、お客様との関係が深まるから。

ゴルフにしても、食事にしても、何かしらの理由があって突然誘っているんだと思う。急な誘いを快諾すると、相手も喜ぶ。それでまたお店に来てくれる。結果的に売り上げにつながる。これはやってみて本当に実感したね。

私が休まない理由

いつ来てもエンリケはいる

売れてない頃は、プライベートを重視して、週に何日か休んだり、ちょくちょく海外旅行に行っていた。

さらに2012年までは、通信高校の授業が日曜日にあるから休むこともあった。通信高校の授業も落ち着いて、ナンバーワンになる機会も増えた2013年頃から、店休日の正月休み以外、360日休まず出勤するようになったんだよね。

私だって体調の優れない日もあれば、気分が沈(しず)んで休みたいと思うこともある。でも休まない。なぜそんなに無理してまで出勤するのか。

それは、お客様って気まぐれだから。もちろん予約して来店してくれる人はいる。

だけど、たいていは気分で来るんだよね。「ちょっとエンリケの顔でも見に行こうか」と思ってくれた人がいたとして、お店に来て私が休みだったら、次はいつ来てくれるか分からないよね。そういうお客様を逃さないため、私は常にお店にいることを心がけていた。そうしていると、相手も安心するよね。「いつ行ってもエンリケはいる」と認識してもらえば、わざわざ電話して確認する必要もないし、自然に足が向くかもしれない。それが結果的に、売り上げにつながる。

２０１６年2月16日に長年住んでいた6万5千円のアパートに空き巣が入ったときも休まずに出勤した。むしろ「５００万円のバーキンを盗まれたんだよ～(涙)」とお客様との会話のネタにしたりした。

実際は、時計やヴィトンのボストンバッグとかごっそりやられて総額１５００万円くらいだったんだけどね。

ほとんど年中無休で働くのはたしかにしんどい部分はあったけど、目標を達成するためには努力が必要だと思っていた。嫌なこともあったけど、お店に来たら楽しいことも多かったしね。

おにぎりさん（昔からの友人で、運転手）からの *message*

エンリケMemo

おにぎりさんとの出会いは私が 15 歳の時のバイト生活時代で、かれこれ 18 年のつきあいになる。キャバ嬢を卒業して東京進出したときも運転手として一緒について来てくれたのは心強かった。

最初は僕が働いていた飲食店にエンリケが入ってきたんです。猫背で髪の毛は金髪でパッサパサ。元気でちょっと常識を知らない感じでしたね（笑）。ヤンキーとかそっち系じゃないんだけど、破天荒（はてんこう）で、タメ口だったし。その後、仲良くなって一緒にサイパン旅行に行きました。付き合ってはいないですよ。当時、エンリケには彼氏がいて、僕が旅行に行く前に挨拶しに行くという良くわからない展開になり。ホテルの部屋も同じだったけど、まったく何もなし。男女というより親友みたいな感じでしょうか。バスに乗るかタクシーに乗るかで大喧嘩（おおげんか）になり、ホテルまで別々に帰ったりして（笑）。

エンリケが『アールズカフェ』に移って数年後、連絡をもらって僕がその店の黒服として働き出したんです。それで最後の2年くらいは運転手もしていました。スタートしたばかりのエンリケを知ってるけど、他の子と違いはなかったですね。でも気遣いとかお返しとか、そういうのはちゃんとしてたかな。他の子がしているのをあんまり見ないですから。あと、エンリケが弱音を吐いているのをほとんど聞いたことないですね。でもまさかここまで来るとは本当に思わなかった。

昔に比べたら姿勢もスタイルも良くなったと思います。性格的にはあんまり変わってないですが（笑）。

働く場所がキャバ嬢から経営者に変わって色々言われるかもしれないけど、ブレずに今まで通りやって欲しいです。

chapter 3

お客様の心をつかむ話し方

初めてのお客様に、常連さんになってもらう会話術

キャバ嬢はトークが命。ありきたりな質問ばかりではお客様はもうお店に来てくれなくなる。だからこそ初めて出会ったお客様のタイプを見抜いて、相手に合った会話術が必要。私の実例を交えてお話しします。

お客様のタイプは3種類

タイプによってキャラを使い分ける

私はくだけた名古屋弁キャラだったけど、みんなに「エンリケでーす!」と言っていたわけじゃない。相手を見て使い分けていた。

経験から言うと、お客様のタイプは大きく3種類に分かれる。

もちろん見た目と内面が違う人もいるけれど、ここでは初めて接客するときに、私がタイプ別にどんな風に話し方を変えていたかを書いてみるね。

注意して欲しいのは、このようにやれば必ず上手くいくわけではないからね。また、これら3つのタイプが複合している人もいる。

会話する中で、違うなと思ったらその都度、軌道修正をする必要がある。

「傾向と対策」みたいに捉えてもらうといいと思う。

お客様タイプ別 接客Point!

1. 気さくなタイプ

気さくな人は、素(す)のままのキャラで少し馴(な)れ馴(な)れしく

気さくなお客様は、各自そのままのキャラでいけばいいと思う。私だったら「エンリケでーす!」と元気に笑って接客する。

年齢層を見るのも大切だけど、仕事なのかプライベートなのかでもノリを変えていた。

私服だったら、恐らくプライベートだからフランクに。

たとえば、若い世代で私服のグループだったら、楽しく飲みたいはずだから、私もテンション高めでいく。

少し年齢層が高めなスーツの人は、たぶん仕事終わりで癒(い)やしを求めて来てるから、少しテンションを抑え気味で、聞き上手な感じで。

スーツ姿のグループだったら同僚(どうりょう)か接待だから、どういう関係性で、どっちが接待する側か、主賓(しゅひん)は誰かを見る。

あと、気さくな人で意識していたのは、初対面でも馴(な)れ馴(な)れしく友達のように話す。タメ口でも大丈夫そうなら、「私も飲んでいい?」という感じで聞いてみる。

そんな風に接した方が距離は縮まるから、冗談を言ったり、タメ口でしゃべったり、かしこまらず場を和(なご)ませる方がいいと思う。

かといって、プライベートな質問をズケズケするのはNG。相手のノリや話題に合わせて、そこにうまく乗っかること。

お客様タイプ別 接客Point!

2.近寄りがたく気難しそうなタイプ

ありきたりの質問はNG!テンション低めに礼儀正しく

ひとりか複数でも変わるけど、気難しそうなオーラがあるお客様の場合、ありきたりな質問をすると面倒臭がられるから避けた方がいい。

そういうお客様はだいたいテンションも低いはずだから、「はじめまして、エンリケです」と丁寧に静かめに挨拶する。

簡単な自己紹介をした後は、まず飲んでいるドリンクを見て、少なくなっていたらお酒を作って身の回りを気遣い、敬意(けいい)を払っていることを態度や言動で示すことから入る。

このタイプは、こちらの出方や様子を見ている人がたまにいる。

つまんないありきたりな質問をすると「ダメだなこいつ」と思われて終わりだから、その人が好きそうな話を探る必要がある。

だから「今日はどうして来られたんですか?」と最初に来店理由を聞いてみる。そこで「ご飯行った帰りに寄ったんだよね」と答えたら、その人はたぶん食事にこだわりがある人だから、「どんなお店に行かれたんですか?」とそのことについて掘り下げることが出来る。「野球を観に行った帰りなんだよね」と言われたら、野球の話をすればいい。そのためには、店に来た理由を知るのが肝心。

これは、初めてのお客様に対して必ず聞いてる質問だけど、特に気難しそうな人の場合は強く意識している。

なぜなら、会話の糸口がそこにしかないから。

お客様タイプ別　接客Point!

お客様全体の20%

3. キャバクラ慣れしたオラオラタイプ

下手(したて)に出る、そして褒(ほ)める。ときには、いじられキャラに

このタイプはとても分かりやすい。着ている服にブランドロゴがドーンと入っていたり、ネックレスや時計が金ピカだったりする。こういうお客様は、100%お金をよく使ってくれる。

ただ、機嫌(きげん)を損(そこ)ねると怖い。だから下手(したて)に出ることが大切。経験上、低姿勢が最も効果的で、機嫌(きげん)が良くなる。そして、とにかく褒(ほ)める。

また、このタイプは、容姿などをいじってくる人が多いので、そういう場合は不快感を決して顔には出さず、ひたすらいじられキャラに徹(てっ)する方がいい。顔のことを言われたら「親に言ってくださいよ〜」と返したりして、自虐(じぎゃく)ネタにするのもあり。

ランキングを気にする人もいて、席につくなり「君、何位なの?」と聞かれたりすることもあるから、「全然ダメなんですよ」と言えばいい。そうすると「もっと頑張れよ」と言ってくるので、そしたら「助けてくださいよ」と甘えてみると、「しょうがないなぁ」と笑いながら味方になってくれることがある。

あとは、キャバクラ慣れしているお客様の場合、どのお店へ行って誰を指名しているかを聞いてみるといい。そのキャバ嬢が有名だったら、「すごい!　私も会ってみたいと思っていたから今度連れて行ってくださいよ」と言うと、同伴になるし、距離もグッと縮まる。

お客様のニーズを見極める

席につく前に空気を読む

お客様のタイプ別に自分のキャラを使い分けることも大切だけど、席につく前にその場の空気を読むことがとても重要。楽しそうに話しているのか、静かに飲んでいるのか、仲間と騒いでいるのか、それによっても対応が変わってくる。

〈陽気にしゃべっている人〉

聞き役に徹する。そういう人は話すことが好きだから。

〈寡黙に飲んでいる人〉

私が話す。話題は最近あったことでもいいし、些細な悩みでもいい（P.142参照）。相槌がなくても気にしない。ひとりで話す。

話すのがあまり好きじゃない人に「趣味はなんですか？」とありきたりの質問をすると面倒臭がられるので要注意。

〈にぎやかな人〉

騒いでいる人たちの場合は、私も「イエーイ！」とテンションを高めで合わせる。

一瞬のチラ見で読み取るべき情報

そのほか、一瞬のチラ見で読み取るべき情報は、飲んでいるドリンク、服装、ルックス、姿勢など。

〈ドリンクのヒント〉

ハウスボトル（最初のセット料金に含まれるお酒）なら、お金を使わない可能性が高い。キープボトル（お客様がお金を払ってオーダーするお酒）なら、お金を使ってくれるかもしれない。

〈姿勢のヒント〉

お金に余裕がある人は、背筋が伸びていて雰囲気に品がある場合が多い。

オラついている人は、砕けた感じで座っているか、キョロキョロ店内を見回して品定めをしている。

そういうことを観察して、それぞれのお客様のニーズやテンションに合った、気に入ってもらえる接待を心がける。

お客様に満足してもらう接客をするには、その人がどんな目的でお店に来たのか知る必要がある。それは席につく前からすでに始まっている。

疑似恋愛より友達を目指す

キャバクラに来るお客様の9割は、疑似恋愛を楽しみに来ている。

ただ楽しく飲みたい人もいるけど、それは残りの1割くらいだと思う。

疑似恋愛を求めているお客様には、どう対応すればいいか。

その気にさせてはぐらかす、じらす、そうやってうまく接しているキャバ嬢はいる。

だけど私にはそれが出来ない。かといって、きっぱり断るともう来てくれないから、売り上げにつながらない。

だから、なるべく友達になれるように努力していた。

年上なら、父親と娘みたいなるように。そういう関係になった方が、実は長続きする。

というのは、恋愛を求めている場合、相手に彼女が出来たりすると欲求が満たされるから、もうお店には来なくなる。

でも、たとえ最初は恋愛を求めていたとしても、友達のような関係になれると、彼女を店に連れて来て紹介してくれたりする。

親子のような関係になれると、成長を応援してくれたりする。

私の場合、色気もテクニックもなかったこともあるけど、結果的にそういう方向に持っていった方がいいと学んだ。

会話
Lesson 3

会話の広げ方

初めてのお客様と何を話すか

売れてから「エンリケに会いに来た」と指名してくれた人に対しては楽だったけど、売れてない頃、初めてのお客様の席につくときは少し緊張した。特にフリーだと、何を話せばいいのかつかみづらい。そんなときに私が意識的にやっていたことがある。

気難しいお客様に多いけど、質問しても一問一答ですぐに終わってしまうことがある。ありきたりの質問だと、相手もうんざりする。中には「お酒、お好きなんですか」と聞くキャバ嬢もいるけど、好きだから飲んでいるので逆効果になってしまう。

だから私は、初めてのお客様には挨拶した後、まず「今日はどうして来てくれたんですか？」と尋ねるようにしていた。

人にはそれぞれ好きなジャンルがあるから、そのヒントを見つけるために。

そこで「明日、岐阜でゴルフだからさ、名古屋に来たんだよ」と答えたら、ゴルフ好きなわけだから、ゴルフのことを掘り下げる。

「行きたい有名なイタリアンがあって、その帰りに寄ったんだよ」だったら、食通かもしれない。鈴鹿サーキットなら車好きとか、名古屋ドームなら野球、会話の中にその人が好きなジャンルにつながるヒントがある。好きなことになると口数が多くなるから、まずそのポイントを探してみる。

会話以外にも、その人が身に付けているもの、服や時計やバッグなどもさりげなくチェックして、どんなブランドが好きかどうかも観察してみる。

それで好きなものが分かったら、そのことについて質問していく。

単純にキャバクラが好きで来た人もいるから、だったら他のキャバクラの情報を聞いてみたり。そこを糸口にして会話を広げていくと、意外に早く打ち解けることが出来る。

その人の好きなジャンルについては、忘れないよう後できちんとメモしておく。

知らないことは生徒になったつもりで教えてもらう

お客様が好きなジャンルについて、自分が詳しくない場合には、教えてもらう。そのときは生徒になったつもりで、色々聞いてみる。するとだいたい機嫌が良くなってどんどん話してくれる。

そのときにスマホを使うのもひとつの手。

たとえば食通の人と話しているときに、美味しいお店の話になったら、すぐにスマホで調べて「ここですか?」と見せたりすると、「そうそう」と盛り上がったりする。接客中に全然関係ないことをスマホで調べるのは論外だけど、話題に出たことを調べる分には、興味がある意思表示になるからむしろ喜んでくれる。

そこで得た知識は、また別のお客様との会話に役立つ。

機嫌の良し悪しは、飲むペースでも分かる。気分が良くないときは、飲むペースが遅くなる。逆に楽しんでいる人はペースが早くなる。

さりげなくそういう細かい仕草も見ながら会話すること。

気難しい人を攻略出来たらチャンス。意外に優しい人が多いから、気に入ってもらえたら長く続く。

地元の話を聞く

くれぐれも、初めてのお客様をつかまえたいからって、お客様の情報をガツガツ聞かないこと。引かれてしまうから。相手の気分を害さない、自然な会話が大切。

初対面のお客様と打ち解けるために私がよく使っていたのは、地元の話を聞くこと。

たとえば千葉県から来た人なら、「千葉って何が名産なんですか？」とか「千葉で美味しいお店を教えてください」と聞いてみる。

たいてい地元のことが好きな人が多いから、みんな喜んで話してくれる。場は和むし、後々すごくためになる。これを重ねていくと、様々な土地についての知識が広がっていく。そうすると、次に初めて千葉から来た人に「千葉といえば、●●というお店が有名なんですよね？」と言えるし、「え？　なんで知ってるの？」とその人との距離がグッと縮まったりする。

自分の話はプチ不幸がベスト

売れてない頃は、初めてのお客様の席について、興味のない顔をされてあまり話してくれないことが結構あった。そんなとき私も黙ってシーンとなってしまったこともあったけど、これではいけないと反省した。

それからは、相手があまり話したがらないときは、自分のことを話すようにした。かといって、ハッピー系の話は食い付きが悪い。一歩間違えば自慢話になってしまうし、相手にしてみればお金を払って飲みに来て、そんな話を延々と聞かされたくないと思うはず。

だからちょっと不幸な話の方がいいんだけど、その温度が難しい。

お金を騙し取られたとか、家族が重病だとかだと重たすぎるし、「今日風邪気味なんですよ」「二日酔いなんですよ」といった体調不良の話題もNG。せっかく飲みに来てくれたお客様を心配させるし、感染されたら困ると思われる可能性がある。あと、お客様に聞かれてもないのに、「売り上げ不振で困ってる」などの話題もNG。ネタとしては、車をちょっとこすられたとか、友達に裏切られたとか、彼氏に振られたとかプチ不幸話がお客様との会話が弾(はず)みやすい。

ただし、作り話だと怪(あや)しまれるしボロが出るから、実体験に基づく失敗や、不幸度合いが浅くて笑えるくらいがちょうどいいんじゃないかと思う。彼氏の話の場合、現役で付き合っている設定はまずいけど、昔付き合っていた過去の話はOK。

そんなことを意識して自分の話をしていると、最初は全然話さなかったお客様に気に入ってもらい、常連さんになってくれたこともある。どこかにきっと糸口があるから、諦(あきら)めずに話すことが大切。

褒(ほ)めるポイントを探す

お店に来てくれるお客様は、「いい気分」になりたいわけだから、私は褒(ほ)めるところを探していた。

「お酒強いですね」でもいいし、「素敵な声ですね」でもいい。「そのメガネオシャレですね、どこのですか？」など持っている物や着ている服を褒めるのも有効。

男の人は自分の持ち物を褒められると、喜ぶ。気難しそうな人でも、持ち物を「可愛い」と言われると嬉しそうにするから、やってみて。

注意しないといけないのは、ミエミエの嘘はつかないこと。そういう嘘は相手に伝わるし、逆に気分を害されるから褒め方にも気を付けようね。

広く浅くでいいから知識を増やす

お客様の中には、ミシュラン・ガイドの星が付いた店を食べ歩く人や、相撲好き、サッカー好きなど、本当に色々な人がいる。

できるだけ多くのお客様と会話が出来るように、浅くてもいいから、知識は広く持っておいた方がいい。私は実際にブランドのお店に行って実物を見たり、ショールームに車を見に行ったりもしていていた。雑誌やネットで見るのと直接見るのは全然違うし、店員さんに商品のポイントを教えてもらえる。

ゴルフを始めてからは、よくゴルフの話しで盛り上がった。「今度一緒に行こうか」

と誘ってもらえることも多くなる。ゴルフに限らず、車でも釣りでもグルメでも、お客様と楽しく会話ができる知識があると、お客様に楽しんでもらえるので、結果的に同伴や指名がもらえて、売り上げにつながる。

トーク力はオネエから学ぶ

会話を弾ませるために、テレビでお笑い芸人のしゃべりをじっくり見たりして勉強していたんだけど、オネエからもたくさん学ばせてもらった。たまたまお客様に連れて行ってもらったゲイバーで会ったオネエのトークがすごく上手で。場を和ませる感じとか、思わず笑わせられてそのトーク力に驚いた。だからそのお店に通って、話し方を聞いて学んだ。

お見送りのとき「ありがとうございました」というのは大切なんだけど、「タクシー呼んで」と言われたら「ワタクシ？」とボケたりして。文章で書くと全然面白くないんだけど、その場の空気が和んだりする。

初めてのお客様との「会話を広げるため」の話し方実例

○×

お酒、好きなんですか？

芋焼酎がお好きなんですね。

Point!

好きだから飲んでいるので、見たら分かるような当たり前のことは聞かない。むしろ、特定のお酒や銘柄について聞くと、話を掘り下げることが出来るからオススメ。そのためにもお酒の銘柄はある程度勉強しておくことが必要。

○×

ご結婚されているんですか？

食事はいつもどうされているんですか？

Point!

家族構成など、いきなりプライベートなことを質問しない。必要であれば、その人の普段の暮らしぶりなどを聞いて、相手が話してきたことについて会話を広げる。

✕ どんなお仕事をされているんですか？

○ **今日はどうして来てくれたんですか？**

Point!

直接聞くのではなく、店に来た理由を聞いてみて、ヒントを探す。中には職業を明かしたくない人もいるからあまり踏み込まないように注意する。

✕ 趣味はなんですか？

○ **お休みの日は何されているんですか？**

Point!

これも同じ。直接趣味を聞くより、その人の暮らしぶりから、好きなジャンルのヒントを探った方が会話が広がりやすい。

常連さんとの会話

長くつき合うために

来店する度に同じようなことばかり質問したら失礼だし、相手もつまらない。

だから私は2度目に来店してくださったお客様とは、前回話したこととつながるように意識していた。そのために私は、その人の趣味、好きなお酒などはなるべく覚えるようにして、日記にメモしていた。

そうすることで、たとえば前回「今度、イタリアに行くんだよね」と話していた人が来たら「イタリア、どうでした？」と聞けばスムーズに入れるし、話した内容を覚えていると喜んでもらえる。生きていれば必ずその人なりの出来事や変わったことがあるはずから、そういう接点を共有するようにしていた。

これを重ねていくことで、その人との信頼関係が深まるし、常連さんになってくれる率が高くなる。

かといって、会話の内容や好みを全部覚えていくのは難しい。だから、ＬＩＮＥで御礼メッセージを送るときに「イタリア旅行、楽しんできてね」と、その人との記録が後で思い出せるように何らかの〝痕跡（こんせき）〟を残しておくことを意識していた。

自分の成績が悪いことを相談してみる

中にはキャバクラ慣れしているお客様がいて、そういう人はキャバ嬢のランキングを把握（はあく）していることがある。自分が売れていないときにそんな人の席についたら、「私、全然ランキングが上がらないんですよねぇ」と打ち明けてみるのもあり。

私が売れていないとき、意識していたわけじゃないけど、そんな相談をしたことがあった。すると、その人は「なんでだろうね」と親身になってくれて、色々アドバイスをしてくれた。

それで、そのお客様が来店する度に、「あれから少しランキングが上がったんです」と報告する。

そうやってキャバ嬢とお客様という関係だけではなく、一歩踏み込んで懐（ふところ）に入ってみると応援してくれる場合があるから、試してみる価値はあると思う。

自分もその人のお客になってみる

すべての常連さんではないけど、お客様から何かを買ってみるようにしていた。

たとえば、旅行会社に勤めている常連さんがいたんだけど、私が旅行するときはそのお客様にチケットをお願いしたり、ケーキ屋さんだったらお店に行ってひとつ買ってみたり、化粧品を扱う人なら化粧水を買ってみたり。

無理して買う必要はないけど、実際に購入することで、単なるキャバ嬢とお客様の関係ではなくなるし、「すごく美味しかったです」と感想を伝えたりすると、少し近づくことが出来る。そしたらまたお店に来てくれる。

砕（くだ）けた接客もいいけど、敬意（けいい）を払うのは忘れずに

かしこまった行儀のいい接客より、もう少しフランクにくだけた接客の方が、お客様との距離が縮まることがある。それを知っているキャバ嬢は、常連さんにくだけて接するんだけど、越えてはいけない一線（いっせん）があると私は思っていた。

打ち解けてきたらタメ口がまざってもいいけど、敬意（けいい）は忘れない。

中にはお客様をいじり倒す子がいたりするけど、それは絶対にやっちゃいけないと思っている。

たまに泥酔（でいすい）してお客様に心配されるキャバ嬢がいるけど、それもダメ。

主役はあくまでもお客様だから、迷惑をかけてはいけない。

いじるにしても、そこには必ず愛がある。

それから気を抜いた格好はしない。姿勢をちゃんとして、背もたれに背中をつけることはない。表情にしても、変顔はするけど、通常は自分のベストを崩さない。お客様より自分が目立つようなことはしない。

バカとかアホは当然だけど、その人をさげすむようなことは決して言わない。悪気（わるぎ）がないでは済まないから。怒ってないから大丈夫ではない。自分が言われたらどう思うかを常に考えるようにしている。

どんな場合でも、最終的には自分を落として笑いにすることが大切。礼儀正しくきっちりするのは、わりと誰でも出来る。でも、やりすぎると逆に相手に気を遣わせてしまうことになる。だから親しみを込めて崩すんだけど、実はこれがなかなか難しい。肝心なのは勘違いしないこと。それは肌感覚で覚えるしかないかな。

2回目以降のお客様との会話実例

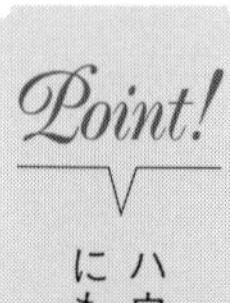

何飲まれます？

ブランデーでしたよね？

Point!

ハウスボトルだったとしても、前回その人が飲んでいたお酒を覚えておくこと。他にもタバコを吸わない人に灰皿を用意したりしないように注意する。

○×

ヴィトンが好きなんですね

前回はフェンディだったのに、今日はヴィトンなんですね

Point!

前回のことを忘れずに、ブランドなら何を着て何を持っていたのかしっかり覚えておくこと。

まだ観てないんですよ〜

あれ、めっちゃ面白かったです

Point!

お客様から勧（すす）められたドラマや映画で、「今度観てみますね」と答えたなら、実際に観るようにする。その場だけの上っ面な会話ではなく、興味のあることは調べたり試すことで、本心で話していることを分かってもらう。

会話 Lesson 5

ドリンク交渉や対応

まずは一緒に飲むこと

キャバクラに来るお客様全員がたくさんお金を使うわけじゃない。最低金額は税込み1万9千円くらいからで、新規の8割は最低金額しか使わないし、指名もしない。そういうお客様はたいてい「ハウスボトル」といって、最初のセット料金に含まれた飲み放題のお酒を飲んでいる。ハウスボトルはお店のお酒なので、キャバ嬢が飲んではいけない決まりになっている。

『アールズカフェ』では「鏡月（焼酎）」、「山崎（ウイスキー）」、「ヘネシー（ブランデー）」の3種がハウスボトルとして用意されていた。

そのため、私たちがハウスボトルを飲んでいるフリーのお客様の席につくと、「一杯いただいていいですか？」と聞くことになる。するとほとんどの人は「いいよ、何か適当に頼んで」と言う。この場合は、だいたい１０００円くらいのドリンクを指している。

そんなとき、私はよく「りんご酢サワー」を頼んでいた。これはお酒じゃないんだけど、なんとなく名前が「レモンサワー」みたいでお酒っぽいし、シャンパングラスに入っているから、言わなければ周囲からの見た目はお酒に見える。

キャバクラは飲み屋だから、基本的にはお酒を飲むのがキャバ嬢のマナー。お酒を飲んでいるお客様のなかには、キャバ嬢がソフトドリンクを快（こころよ）く思わないことがある。かといって、席につく度にお酒を飲んでいたら体が持たない。

だからお酒を飲んでいるような顔をして、肝臓を休めるために「りんご酢サワー」を飲んでいた。ソフトドリンクだってお酒だって、一杯頼んでくれたらポイントになるのは同じだし。

ただ、中には「なんでお前に飲ませないといかんのだ」と一杯１０００円のドリンクも頼んでくれないお客様がいる。

すると、「分かりました」と何も飲まずにいる子がいるんだけど、私は「じゃ、お茶だと無料なので飲んでもいいですか？」と言っていた。お茶が有料の場合は、

「ちょっと喉渇いちゃったんで」と水を飲めばいい。無料であれば断られることはない。ドリンクを頼んでいいかを聞くのは、売り上げやポイントのためだけじゃない。コミュニケーションをとるため。

「カンパーイ」とグラスを合わせることで、お客様との距離が少し近づく。だから、ケチな人だとふてくされて何も飲まないよりは、水でもいいから何か飲んだ方がいい。

飲んでいるお酒を褒める

ハウスボトルではなく、お客様がオーダーした「キープボトル」を飲んでいる場合。これはお客様のお金で購入したお酒だから、キャバ嬢も口にしてＯＫ。

まずはお客様が飲んでいるお酒を見る。

お酒の種類や値段の幅は広い。ウイスキーだと、同じ山崎でも年代によって価格が違ったりする。だからそのお酒が高いのか安いのか、どんなお酒なのか、メニューを見たりしてある程度頭に入れておいた方がいい。そうすれば、その人が飲んでいるお酒の価値が分かるから。

知識があれば「富乃宝山は、芋焼酎ですよね。芋がお好きなんですか?」と会話の糸口がつかめるし、「美味しいと評判ですよね。前から一度飲んでみたかったんです」と言えば「飲んでみる?」と言ってくれたりする。

これを知らない子が多くて、「適当に好きなの頼んで」と言われたら、自分が好きなものを飲むキャバ嬢がほとんど。

でも実は、お客様は自分が好んで飲んでいるお酒を褒(ほ)められると喜ぶ。だからお客様が好むお酒を一緒に飲んで、飲んだ後に「本当に美味しい!」と、きちんと感想を伝えるのがベスト。逆に、嫌いな場合であっても、お客様が飲んでいたら「ブランデーは苦手なんです」など、自分の好みを言わないこと。

フリーのお客様についたら、15分で席を変わる。そんなときでも、いただいた一杯は残さず、必ず飲み切る。

同じお酒を一緒に楽しむことで、共感が得られるし、キープしているからまた来店するわけで、指名につながる可能性が高くなる。

だからと言って、無理して飲みすぎない注意が必要。酔いつぶれてしまったら迷惑だし、気が回らなくなる。だから、自分がだいたいどれくらいなら大丈夫なのか、どこを越えたら酔うのか、そのラインを把握しておくこと。

私も売れない頃に酔いつぶれてしまったことは何度かあるけど、そういう失敗から、自分の限度を越えて飲まないことを常に意識していた。

それからボトルのお酒がなくなった場合、自分で「どうします？」と尋ねてもいいけれど、私は黒服に聞いてもらうようにしていた。私が催促しているように感じられると印象が悪くなるから、黒服に注意して見てくれるよう事前に頼んでいた。

ドリンクにまつわる話し方実例

私も一杯いただいていいですか？

Point!

ほとんど定型文だけど、フリーのお客様の席についた場合はこう聞いてみる。ごく稀に「ダメ」というお客様がいるけど、そういう場合もふてくされず、無料のお茶か水でも飲むようにする。乾杯することでコミュニケーションがとれるから。

それ、有名なお酒ですよね？

Point!

キープボトルを飲んでいるお客様の場合は、そのお酒を褒める。すると喜んでくれる。そのために普段からお酒の知識をつけておくこと。

私もお茶いただきます

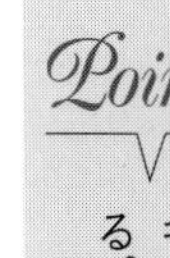

Point!

お酒が飲めないお客様なら、なるべく合わせる。毎回飲んでいると酔うし体がもたないので、休憩することも大切。逆にお酒を飲んでいる人ならお茶やジュースは頼まないようにする。お酒を飲んでいる人は、一緒に飲みたいと思っているから。

会話 Lesson 6

場内指名から本指名へのつなげ方

「売り上げ制」と「ポイント制」

私がキャバ嬢をやろうと思ったのは、頑張れば稼げると思ったからだけど、給料には「売り上げ制」と「ポイント制」がある。お店によって多少の違いはあるけど、ざっくり説明すると次の通り。

売り上げ制は、お店とキャバ嬢が売り上げを分配するタイプ。ただし、指名された場合に限る。たとえば、自分を指名してくれたお客様が10万円使ってくれた場合、お店に5万円、キャバ嬢に5万円となる。

メリットは、たくさん使ってくれる太客を多く持っている子は、短時間で稼げる。デメリットは、指名してくれる人がひとりもいないと給料が0円になる。だから売れてから売り上げ制にする子が多い。

これに対してポイント制は、指名や同伴、注文の入ったお酒の金額ごとにポイントが加算され、合計ポイントで時給が決まる。

『アールズカフェ』の場合、指名が1ポイント、同伴が2ポイント、それ以外に例えば6万円のお酒が入ると3ポイント。20ポイントで基本時給が1000円アップする。

指名の場合は1セット60分で1ポイントだから、私を指名した人が延長して2時間いると2ポイントで、8万円のシャンパンを入れてくれたらプラス4ポイント、その人と同伴していたら、さらに2ポイントがプラスされるから合計8ポイントになる。

それを10日ごとに集計して給料が決まる。締め日は月に3回あって、10日ごとにゼロから始めないといけない。

ポイント制は効率が悪いように思うかもしれないけど、私は売れはじめてからもポイント制を選んだ。ポイントを貯めれば、売り上げ制より多く稼ぐことが出来ると思ったから。

まずは「場内指名」から

いずれにしても、指名を増やさないといけないことに変わりはない。

指名には2パターンあり、「本指名」と「場内指名」がある。

お店に入るときや、予約する時点で指名するのが本指名で、1ポイント。

フリーで入ったお客様が席についた女の子を指名する場合が場内指名で、0・5ポイント。

売れてない頃の私はフリーのお客様によくついたから、まずは場内指名してもらうことを目指してた。「会話の広げ方（P.138参照）」で少し距離を縮める努力をして、15分が経つ頃に「もう少しここにいていいですか？」と聞き、「いいよ」と言ってくれたら、場内指名ゲット。黒服にゼスチャーでそうなったことを伝えてた。

15分ぎりぎりで気になる話題をぶっこむ

もうひとつのテクニックは、そろそろ15分経つという頃に、続きを話したくなる会話をぶっこむようにしていた。

たとえば、東京から来たお客様なら「私、今度東京に行く予定なんですけど、全然知らなくて。どこかお薦めのお店とか知りませんか？」というように。すると、続きを話したくなるので、「もう少しいていいよ」となることが多い。

意外とこういうことができていないキャバ嬢が多くて、フリーのお客様との会話を適当にどうでもいい話で15分つぶしてしまう子がいる。そんな会話を面倒くさがっているお客様もいるから、これは結構効果的だと思う。

これで次回から本指名してくれるようになるかというと実はそうでもなくて、毎回フリーで入ってきて、その度に場内指名に変えてもらう人も結構いた。けれど、ガツガツ「次回から指名してくださいよ」と営業しないようにしていた。

本指名に変えてもらうためには、素直に相談

成績の相談をしている相手なら、「今月、ちょっと悪いから助けて欲しい」と頼んだこともある。

というのは、場内指名と本指名ではお店の待遇が変わるから。

具体的には場内指名ばかりだと、お客様がいなくなると早上がりさせられることがある。いっぽう、本指名をもらっている子はお客様をお店に呼んだ実績を評価されるから、早上がりさせられない。そのあたりの事情を話して「このままだと早上がりさせられそうなんだよね」と打ち明けてみると、「じゃあ本指名にするわ」と言ってくれる人もいる。

同伴に誘ってみる

そのほか、場内指名から本指名へ変えてもらうには、同伴するのが一番早い。同伴

すれば自動的に本指名になるから。

だから何度か場内指名してくれた人がいたら、「今度、ご飯にでも連れて行ってくださいよ」とお願いしてみる。

出来れば、その人が食べに行ったお店の話をしているときに、「私も行ってみたいです」という言う方が自然でいい。するとたいていは「いいよ」と言ってくれるから、「じゃあ、いつにします？」と日時を決めて約束した方がいい。

相手の雰囲気にもよるけど、私はその場で予約まで入れてもらうようにしていた。

その方が確実だし、「また今度ね」とあやふやにならないように。

どんな指名客でも大切に

私を本指名してくれるようになったお客様の中には、あまりお金を使わない人もいた。

普通のサラリーマンで、収入の範囲（はんい）でやりくりしていた方は、毎回1セットの最低料金で、私が渡した割引チケットを使って店に来てくれていた。もちろん私にドリンク一杯、飲ませることなく帰っていく。

それでもキャバクラが好きで、10年間週3回ペースで同伴してくれていた。お金はお店で使ってほしいから、同伴で食べに行くのはカレーとか牛丼とか安いところを選んでいた。


週1ペースで同伴してくれる70歳くらいのお医者様も変わっていた。

マッサージをするのが好きなお客様で、同伴前は必ずビジネスホテルに立ち寄って、私の脇のマッサージをひたすらしてくる。ただしエロいことはしてこない。

その後、チェーン店の居酒屋でお客様が選んだ定食を食べて（私には選ばせてくれない）お店に入るんだけど、私には何も飲ませてくれない。私は無料のお茶を飲んで、乾杯していた。

売れていない頃ほど、そういうお客様が多かった気がする。あまりお金を使わないから、お店にとっては上客ではなかったかもしれないけど、私は大切だと思っていた。

嫌な人ではなかったし、何より同伴で2ポイント付く。それに指名が1ポイントプラスされるから、1セットで帰ったとしても合計3ポイント。

３ポイントといえば、６万円のシャンパンが入るのと同じ。同伴でお客様が払う金額は３０００円なのに、６万円のシャンパンと同じ３ポイント。同伴は侮(あなど)れない。使う金額が少なくても、何度も来てくれるとポイントが増えるから、私にとってはありがたいこと。そこで私は同伴で稼ぐと頭を切り替えていた。

私にとっては、少しくらい変でも良いお客様だし、仲良くしていた。

ポイント制で時給26万円！

そんな地道な努力をコツコツ続けていくうちに、少しずつ売り上げが伸びていったんだけど、「ポイントを稼ぐ」というスタンスは変えなかった。

その結果、引退間近の２０１９年10月21日から31日までの合計は２５７５ポイントで時給は25万７千円。これに基本時給の４５００円が加算されて合計26万１５００円。

実は、引退まで基本時給をあげてもらう交渉はしていなかった。そこは実力勝負だと思っていたから。

結果的にこの10日間は、勤務時間が60・５時間だったから、26万１５００円×60・

5時間で1千5百82万750円。その前の20日間の給料と合わせて、10月の合計月収は3千3百57万円。さらに翌月の11月は誕生日や引退式イベントで、月収がついに1億円を超えた。すごくない？　頑張ればここまでになるってことだから、諦めずに努力を続けることが大切だと思う。

フリーから場内指名に変えてもらう話し方実例

Point!

フリーのお客様の席で、少し会話が弾んだ場合は黒服が呼びに来たタイミングで甘えた口調でお願いしてみる。

Point!

15分間にその人が好きなジャンルが分かったら、席を変わる直前にそこを掘り下げるようにする。するとお客様は会話を続けたいから「ここにいてよ」という雰囲気になる。

ここにいていいよと言ってくれたら、いられるんですけど

Point!

フリーのお客様の中には、15分で女の子が変わるシステムを知らない人が6割くらいいる。そんなお客様の場合は、この決めゼリフを言うと「なら、いてよ」となることが多い。

今月、成績が悪くて

Point!

毎回、場内指名はしてくれるけど本指名にはつながらない場合、本指名にしてくれたらちょっと助かることを正直に話してみるのもひとつの方法。

会話 Lesson 7

連絡先の交換方法

失敗から学んだこと

これは、ほとんどのキャバ嬢がやっていることだし、黒服からも教育されることだけど、とにかくお客様と連絡先を交換しようと頑張る。

初めてのお客様には「ねぇ、連絡先教えてよ」と迫る。私もそうだった。まずは連絡先を交換して、後日営業メールを送る。それを来る日も来る日もやってみて、分かったことがある。いくら連絡しても、来ない人は来ない。LINEの返事は来る人もいるけど、お店には来てくれない。毎日あんなに時間を割いてやっていたことが、無駄だったと気が付いた。だからそれからは誰とでも連絡先交換はしなくなった。

よく考えたら、聞かれる方にしてもいい迷惑。連絡先を教えたら、営業メールがガンガン届くんだから。昔は連絡先を教えるのを断られることもよくあった。

その証拠に、積極的に連絡先を聞かなくなってからは、「さっき、あの子がしつこくてさぁ」とお客様のボヤキを聞く機会も結構増えた。

では連絡先を聞くか聞かないかをどういう風に判断していたかというと、単純な基準のひとつはその人が使った金額。ハウスボトルを飲んでさっと帰るお客様が、またお店に来る可能性は低い。だからそういう場合は連絡先を聞かないのもアリ。

他に金額だけではなく、話していると、その人がまた来てくれそうなのか、そうでないのかは分かるようになってくる。次回につながりそうな場合は聞くけれど、そのときも「連絡先を教えて」とは言わないようにしていた。

交換する必要がある目的を作る

また来てくれそうな人の場合、連絡先を直接聞くのではなく、さりげなく聞く。たとえば、評判の良いお寿司屋さんがあると聞けば「予約したいから、ホームページのアドレス送ってくれない？」というように。それがきっかけで同伴につながることもある。

あるいはツーショット写真を撮って、記念に送るからと言ってみるのもいい。とにかく直接的ではなく、連絡先を交換する目的を作る。

他には、たとえば不動産業をやっている人なら、「部屋を探している子がいるから紹介したい」と仕事に直結する理由を作る。仕事に関連づけるとほぼ教えてくれる。

中には、昔から連絡先を全然教えてくれなくて、それでもずっと来てくれているお客様がいたんだけど、一緒にゴルフに行くことになったときはさすがに現地集合というわけにも行かず、3年越しにやっと連絡先を交換したこともある。

後で聞いたんだけど、連絡先を教えて気を遣わせるのが嫌だったんだって。そんな優しい人もいるんだね。あと気を付けていたのは、LINEに登録するとき、必ずフルネームで登録するようにしてた。名字だけだと、下の名前を忘れてしまうから。

連絡先交換の話し方実例

そのお店のホームページアドレスを、LINEしてくれません?

Point!

「連絡先を教えて」と直接聞くと嫌がる人がいるので、話題に出たお店などの情報を教えてもらうなど、連絡先交換の目的を作る。

写真を送りますよ

Point!

記念撮影と言ってツーショット写真を撮り、それを送るからＬＩＮＥを教えてと言う。

紹介したい人がいるんで

Point!

たとえば不動産業の人なら、友達で部屋を探している人がいるから紹介したいなど、相手の仕事に直結することがあればそれを理由に連絡先を聞く。

注意点：登録するときは必ずフルネームで
後で忘れてしまうと失礼なので、名字のみではなく必ずフルネームで登録すること。

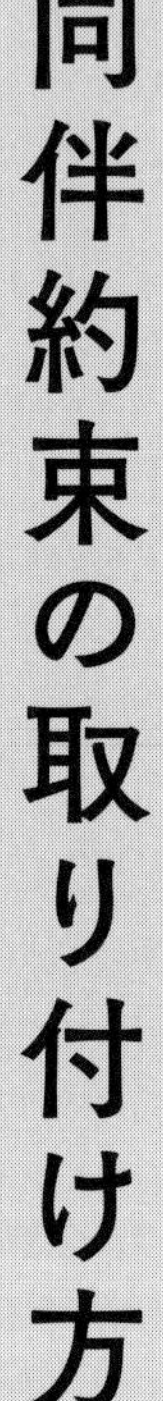

同伴約束の取り付け方

みんなが経験する悩みごと

売り上げを伸ばすためには指名を増やすこと。そのためには同伴に誘うのもひとつの手だと書いたけど、そこには注意しないといけないことがある。

それは「今度、ご飯でも連れて行ってくださいよ」とお願いしたときに、プライベートのデートに誘っていると勘違いする人がいること。

これが実に多くて、半数くらいの人は同伴のことだと理解してくれない。

こっちは同伴のつもりで食事に行ったのに、ご飯を食べ終わったら「じゃ、俺帰るね」で終わったり、「え？　今日は、君の店には行けないよ」と帰られたりしたことが何度もある。

これはキャバ嬢みんなが経験することで、悩むところだと思う。

そうならないためには、防御線（ぼうぎょせん）を張っておく必要がある。

相手の真意（しんい）を読み取る

まずは相手のリアクションをよく見ること。

「ご飯行きましょうよ」と誘ったときの反応が「2軒目は、お勧（すす）めのバーに一緒に行こうか」とか「ゆっくり出来るね」だったら要注意。

「ご飯の前に映画を観に行こうよ」とか「その日は休みなんだよね？」だったら完全アウト。オフの日でプライベートだと思われている。

だからそういうときは「その日、私夜8時からお店だから、6時頃の待ち合わせにしようか」と、休みではないことをほのめかせる。ただ、それでも食事だけで、その後一緒にお店に来ることを分かってくれないケースがある。

そういう雰囲気のときは、「食事の後、一緒にお店に入れる?」というところまで、やんわりと確認しておくこと。

ただそのときに〝同伴〟という言葉は使わない方がいい。

あくまでも、出勤前に一緒に食事にでも行きませんかというニュアンスで誘うようにしていた。

たとえそこで相手が、「なんだ、その後お店に行かないといけないのかよ。じゃあ止めとく」と断わってきても「また誘ってね」とにこやかに返すことが大切。

同伴になるかならないかは、当日の賭けの場合も

だからといって、毎回必ず同伴の確約を取るのは難しい。言いにくい雰囲気のこともあるから。

たとえば、私はゴルフに誘ってもらうことが多かったけど、そのときに「ゴルフの後、お店に来てくれるよね？」とは聞きにくい。

だからゴルフに行くときは、毎回一か八かの賭けだった。朝からゴルフをして、だいたい午後3時くらいに終わる。同伴になるかどうかはそのときまで分からない。いったんは車を置いて出勤準備のために自宅に戻るけど、同伴のために「じゃ、6時頃にまたね」と言われることもあれば、「お疲れさま」と解散になることもある。

その割合は半々くらいだった。

結果として同伴にならなくても、笑顔で帰る

ゴルフの後「今日は疲れたから止めておくよ」と帰ってしまうお客様もいる。疲れているのは私だって同じだけど、そんなときも決して顔には出さない。ゴルフが好きなこともあるけど、そうなることは覚悟の上だったから。

一度、富士山登頂に誘われて早朝から行ったことがあるんだけど、下山したときに「疲れたぁ」と行ってその人は帰ってしまった。内心「えぇー！」と思ったけど、よく考えたら誰だって富士山に登った後にキャバクラで飲もうとは思わないよね。だから「今度また来てくださいね」と言って笑顔で別れた。そして、私は疲れ果てた体を引きずるように出勤した。タフだわぁ、私。

大切なのは、期待が外れたからって顔には出さないこと。約束していたわけでもないから。決して怒ったりせず、笑って帰ることが答えかな。そうしていれば、必ずまたお店に来てくれる。

デートではなく、同伴だと理解させる話し方実例

20時から店だから、待ち合わせは18時頃にしませんか？

Point!

デートの誘いと勘違い（かんちがい）されることがあるから、そういうときは休みではないことをそれとなくアピールする。

食事した後、一緒にお店入れますよね？

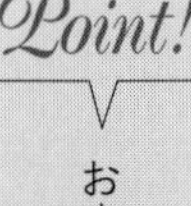

Point!

お店に来ることを匂わせてみる。

20時半くらいまでなら、店になんとかうまく言っておくから

Point!

店に入店するタイムリミットを話題にすると、同伴という言葉を使わなくてもわかってもらえる。

じゃあ、また誘ってね

Point!

デートじゃないならいいよと断られた場合でも、不穏（ふおん）な雰囲気にはせず、笑顔で対応する。

困ったお客様への対処法

言いたくても言えない

14年間のキャバ嬢人生を歩んできた私は断言するけど、困ったお客様は一定数いる。最終的には良いお客様ばかりになったけど、売れてないときほど多かった。色々な人がいたなぁと思う。

たとえば、いきなり偉そうに「お前なぁ」と指差す人がいる。失礼だし「初対面でお前ってどんだけ偉そうなんじゃい！」と思うけど、そんなことは言えない。

そういうお客様は「俺は客なんだから何をやっても許される」と思っている。確かにお客様は偉いんだけど、なんでも許されるわけじゃないと私は思う。だからって怒ることも出来ないから耐えるしかない。キャバ嬢って頑張れば稼げるけど、ストレスも溜まる職業なんだよね。

きっと同じ思いをしている子も多いんじゃないかな。

そんなお客様のことを、言い方は悪いけど「痛客」と呼ばせてもらう。で、私が痛客にどう対処していたのか述べてみたい。

エロオヤジの場合

世の中には、「いくら払ったら抱ける？」とか「今日ホテル行かない？」と言ってくる人が実際にいる。そんな直球を投げて「いいよ♥」と答える女がいると思っているのかと神経を疑いたくなるけど、何度も言われたことがある。

そんなとき、「100億円もらっても嫌です」と言いたいのを堪えつつ、きっぱり断ったりはしなかった。決まって機嫌が悪くなるし、お金を使ってくれないから。あまりにしつこくてこの人苦手だなぁと思ったら、スタッフに目で合図して席を変わることも出来たんだけど、そこで逃げたら負けだと思っていた。

だから酔っぱらったフリをしたりして、とにかくはぐらかして逃げていた。相手もそこまで本気ではないから、そのうち察してくれる。

セクハラされた場合

やたら体を触ってきたり、肩を抱き寄せてきたりする人もいた。

そんなときは、相手の両手を握って、笑顔で話をしながらやんわりと離す。

あるいは、自分の両膝頭をその人の脚につけ、自分の体はお客様からグッと離して距離を取る方法もやっていた。いずれも体の一部がお客様に触れているので、お客様に拒絶感を与えずにお触りの回避ができる利点がある。

はっちゃけキャラになってからは、「お前いい胸してんなぁ、ちょっと触らせろよ」と言われたら「いいよ、どんどん触って」と胸を突き出していた。

すると「やっぱりいいわ（笑）」となる。

「付き合いたい」と言われたら「私がタイプって目が腐ってんじゃないの？　眼科いったほうがいいよ」と笑いで返したりしていた。

そんな返しは出来ない子もいると思うけど、そういうお客様は恥ずかしがっていると喜ぶし、付け上がるから、自分なりのかわし方を身に付けるしかないと思う。

傷つく事を言われた場合

会話の端々(はしばし)に「死ねよ」という人がいる。死ねなんて冗談でも言ってはいけないと思うんだけど、私は絶対に顔に不快感を出さない。そういう場合は「生きるぅぅぅぅ！」とか「私が死んだら悲しむくせにぃ！」と返している。

その他、容姿いじりも多い。席につくなり「なんだお前、ブスだな、写真と違うやないか。チェンジだ」と文句を言う人もいた。悔(くや)しくて裏で泣いたこともあるけど、そのうち返し方を学んでいった。

ひとつは、ブスと言われたら、「性格はもっとブスだからね！」とか「顔は変えられんから親に文句言って〜！」と笑いに変えるパターン。

あるいは気難しそうな人だったら、謙虚(けんきょ)に「いやぁ、申し訳ないです。実物が悪いから写真を修正するしかないんですよ。でも心は綺麗(きれい)だからまかせて」というように、お客様の雰囲気によって使い分けていた。

たくさん飲まされそうになった場合

なぜかは分からないけど、自分はちっとも飲まないのに、「いいからもっと飲めよ」とやたらお酒を勧めてくる人がいる。

私だって仕事だから飲んでいるだけで、出来れば飲みたくない。だけど、「飲めません」と言ったらそこで終わり。二度と来てくれなくなる。そんなときは相手の懐に入ることが肝心。

プチ不幸話（P.142参照）や悩み相談をしてみると、案外「そんなことがあったのか。じゃ、とりあえず一緒に飲もうか」という空気に変わる。

私は多少飲めるからまだいいけど、中には一滴もお酒が飲めない子がいる。それでも「私、飲めないんです」というと気分を害するお客様がいるし、チェンジという人もいる。だから、あまり正直に言わない方がいいと思う。

対策としては、黒服に、私が「ジャスミンハイ」を頼んだら、「ジャスミンティー」を持って来てねと事前にお願いしておく方法もある。少なくともお酒を飲むお客様の前で、「ソフトドリンク」とは言わない方がいい。なぜならキャバクラは飲み屋だから。もしワインなど、ごまかせないお酒をしつこく勧められたら「すみません、実は車で来てるんです」と言えばいいと思う。

飲む仕事なのになぜ車で来たんだと言われたら「今日はどうしても車で来る必要があったんです」とか何か理由を考えればいい。車を運転する人にお酒は勧められないから、それで相手は諦めるはず。そんなときでも場の空気を険悪にしないこと。明るくやんわりと断ることを心がけて。

自慢話や自分がすごいと思っている人の場合

「この時計、いくらだと思う?」とか、嬉しそうに自慢してくる人もいる。そういう人は、すごくラク。「すごーい!」と褒めていればいい。自慢話を聞くのも仕事だし。とにかくヨイショに徹する。

他に、たとえばお店のサービスに対して、「シャンパンがキンキンに冷えてないなんて、一流じゃない、二流だな」とクレームを付けてくる人もたまにいる。シャンパンは冷え過ぎだとせっかくのワインの風味が味わえなくなるから、保存温度は12〜15℃が適温。だけど、下手に逆らわず「うちは二流じゃないですよ。十流ですよ」と笑って返すくらいがいいと思う。

アフターに誘われたら

「アフター行こうよ」と当たり前に誘ってくる人。これも結構多い。けど、こっちにだって予定がある。

そんなときは「ごめーん！　予定が入ってるんだ。でも1分だけ顔出すよ」と言うようにしている。なぜなら、アフターは信頼関係を築くためには有効だから。

売れてない頃は、お店には来ないけど、夜中に飲みに誘ってくる人もいた。それでも私は行っていた。すると感謝されて後日お店に来てくれたこともある。

けれど、アフターは義務ではないから、無理には行かなくていいと思う。

とにかく、次から次へと痛客（いたきゃく）は現われる。その度にまともに受けていると心が壊（こわ）れてしまうから、自分なりの対処法を見つけてね。

痛客(いたきゃく)に対抗する話し方実例

頭を叩(たた)かれた場合

×止(や)めてください(怒る、顔に出る)

○**頑張ってセットしたんだから〜**

Point!

本人は冗談のつもりなんだけど、頭を叩(たた)いてくる人がいる。そういう場合、「止めてください」と怒るのではなく、笑いながらセットにお金がかかっていることをそれとなく伝える。

「何か面白いこと言って楽しませてよ」

×言えないですよ or 布団がふっとんだ

○**話さなくてもこの顔が面白いでしょ?**

Point!

そこでダジャレなどを言っても100%滑(すべ)るし、否定しても場がしらける。そんなときは自虐(じぎゃく)ネタでしのぐ。

「君、ランキング何位なの？」

最近休んでたから低くて

私、全然ダメなんですよ

Point!

お客様の中にはランキングを気にして聞いてくる人がいるので、そういうときは順位が低くても言い訳せず、逆に「ダメなんです、どうしたら指名が取れますかね？」と明るく答える。

「彼氏いるの？」

いませんよぉ

今10人くらいいるから、11番目でいい？

Point!

多くの子は「いません」と言うけど、「いますよ」と答えると、珍しがられるから、いる設定で話すと、面白がってくれる。

下心丸見えのアフターに誘われたとき

○×

ちょっとこの後予定があって

明日、朝から仕事なんです

Point!

断った方がいいけど断り方が重要で、仕事を口実にやんわり断ると険悪にならず丸く収まるケースが多い。

「君、何カップなの？」

○×

いいません（恥ずかしがる）

どれくらいが好きなんですか？

Point!

胸の大きさだけでなく、乳輪の色なども聞いてくる人がいるので、そういうときは逆にどんなタイプが好きなのか聞いて、自分から話をそらすようにする。

シャンパンのねだり方

なぜシャンパンがいいのか

今でこそ、キャバクラでシャンパンが出ることが珍しくなくなったけど、昔はおろしてくれるお客様なんてほとんどいなかった。売れていない頃に注文が入ったこともない。

じゃあなぜ注文が入るようになったかといえば、当時付き合っていた彼氏のために、シャンパンが好きなことを積極的にアピールし始めたから（P.58参照）。

結果的にわかったのは、シャンパンだと飛躍的に売り上げが伸びる。シャンパンは安いもので1万五千円から2万円くらい。高いものは1本１００万円以上する。価格帯はキープボトルとそれほど変わらないんだけど、決定的な違いはシャンパンだと必ずその日のうちに空になること。炭酸だからキープが出来ない。アルコール度数だって11～12度くらいだから、そんなに体に負担でもないし。
それに比べて、キープボトルのブランデー、ウイスキー、焼酎はアルコール度数が高いから、そんなにたくさんは飲めない。

まずは安いシャンパンから

フリーのお客様の席について、「一杯いただいてもいいですか？」と聞くと「なんでも好きなもの頼んでいいよ」という人がいる。そしたら、「私、シャンパンが好きなんですけど、頼んでもいいですか？　値段も色々あるんですけど」と探（さぐ）りを入れてみる。

そこで「そうなの？　じゃメニューを見せて」と言われたらボトルが入る可能性は低い。思ったより高いなぁという雰囲気になっても大丈夫。グラスならシャンパンも1000円だから。

値段を気にしない人はメニューを見せてとは言わない。そしたら自分でどのあたりのボトルにするか考える。

この人は2万円くらいなら出せそうか。3万円くらいなら大丈夫そうか、もしくは10万円でも平気そうか。その人が着ている服や雰囲気から見当を付けてみる（P.96参照）。

ただ、いきなり10万円のシャンパンを頼むお客様はまずいないから、モエ白とかヴーヴあたりの2万円以内くらいのものを指さして「飲んだことがないから飲んでみたい！」と憧れるような感じでお願いしてみる。

ハウスボトルからシャンパンへ

シャンパン好きをアピールするようになってから、味の違いや特徴を勉強した。そうすれば、辛口なのか甘口なのか、お客様に説明できる。といっても、好みを聞くと「なんでもいいよ」という人が大半なんだけど、味の違いも分からないよりはマシ。

ハウスボトルを飲んでいるお客様がシャンパンをおろしてくれることは少ないけど、「シャンパンが好きなので、一緒に飲みませんか？」と言ってみるとオーダーしてくれることがある。

お連れ様がいる場合、「グラスより、みんなで飲んだ方がお得ですよ」とボトルを勧める方法もある。

また、1対1だと1本飲み切るのがしんどそうなことがある。

そんなときは、「せっかくなので店長を紹介させてもらっていいですか？」と呼ぶ。店長を紹介されるのはVIP扱いだと思うから、断る人はまずいない。挨拶した後、店長にも一杯いただかせてもらう。

ペースの早い人で1本空いた場合は、「もう1本入れて」ではなく「もう1本飲もうよ」と冗談っぽく言うのもアリだけど、私はなるべく黒服に「いかがなさいますか？」と聞いてもらうようにしていた。

そのためには、シャンパンの減り具合を気にして見てくれるよう、事前に黒服に根回ししておくことが大切。

そして、おろしてくれたシャンパンはスタッフの力を借りてでも、必ず飲み切ることを強く意識していた。

「エンリケ＝シャンパン」のブランディング

２０１４年頃にブログで「シャンパンの直瓶」がバズってからは、少しずつシャンパンの出る頻度が高くなっていった。

そこからは意図的に、シャンパンがおりたときの画像をブログにアップしていた。シャンパンをラッパ飲みするキャバ嬢が物珍しかったのか、「直瓶やってよ」とシャンパンをおろしてくれるお客様が来るようになる。

でも、そんなに毎回出来ないから、「さっきもうやっちゃったんだよね。だから一緒に飲もうよ」とかわしながら、順調に売り上げを伸ばしていた。

インスタを始めてからは、お客様とのツーショットを載せるのはシャンパンをおろしてくれた人に限るというルールを作った。

もちろんそんなことは公言せず、自分の中でのルールだったけど、シャンパンをおろしていない人から「インスタに載せてね」とお願いされたら「後でね」と言って、アップしなかった。

そこにはシャンパンのオーダーを増やしたいという狙いもあったけど、誰でも載せてしまったらシャンパンをおろしてくれた人に悪いという気持ちがあったから。

そうしているうちに、だんだん「エンリケ＝シャンパン」のイメージが広まり、インスタに載せてもらいたいから、お店に来てシャンパンをおろしてくれるという人も増え始めた。

そんな感じで、気がつけばどんどんシャンパンが出るようになったんだよね。

だけど、もうひとつ気をつけていたことがある。

お客様の中には、お酒が一滴も飲めない人が案外いる。

いつの間にか、そんな人までシャンパンをおろしてくれるようになった。自分は飲まないのに。

そんなときはより一層感謝の気持ちを込めて、必ずすべて飲みきるようにしていた。

シャンパンのねだり方実例

「なんでも好きなもの頼んでいいよ」と言われた場合

私、シャンパンが好きだから、頼んでもいいですか？
値段が色々あるんですけど

Point!

値段を気にする場合はメニューを見せてと言われるので、そしたら1000円程度のグラスを頼む。

これ、飲んだことないから飲んでみたい！

Point!

値段を気にしないお客様の場合は、メニューにある2万円くらいのシャンパンを指しながら聞いてみる。

グループで来店されたお客様の場合

ボトルの方がお得だから、一緒に飲みませんか？

Point!

楽しそうに飲んでいるグループがそれぞれ別々の飲み物をグラスで頼んでいるときに聞いてみる。実際にグラスでそれぞれが何杯もおかわりする場合は、ボトルで頼んだ方が安く済む場合があるから。

おろしてもらったシャンパンを飲みきれそうもないとき

店長を紹介させてもらっていいですか？

Point!

挨拶したうえで、店長にも一杯いただかせてもらう。店長や黒服を紹介したいと言うと、お客様はＶＩＰ扱いしてもらっていると感じて喜ぶので、これは有効。大切なのは必ず一本残さず飲み切ること。

会話 Lesson 11

シャンパンタワーのねだり方

諦(あきら)めずにチャレンジしてみる

バースデーイベントでシャンパンタワーをやるのは、夜の世界では成功者のステータス。安いものから高いものまで幅広くあるけど、やりたいからといって簡単に出来るものじゃない。

私には無理と諦(あきら)めている子が多い。でもそれだといつまで経(た)ってもシャンパンタワーは実現しない。ではどうすればいいか。まずは誕生日の半年くらい前から、どんなシャンパンタワーがやりたいのか計画を立てることから始める。一本いくらのシャンパンにするのか、それが何本くらい必要なのか。具体的な目標を決める。

そしたら、お客様にお願いしてみる。初めてのお客様ではなく、なるべく気心(きごころ)の知れた常連さんを選んで。

「前からずっとやってみたかったんだけど、協力してくれない？」と聞くと、たいていの人は「いいよ」と言ってくれる。もちろん出せる金額がそれぞれあるけど、1口1万円からでもいいと思う。そうやってコツコツと時間をかけながら募っていく。

中にはお願いしたその日に、5万円使ってくれる人もいる。そんな場合は、「今日は開けずに、バースデーイベント分に回してもいい？」とお願いしてみる。その口の売り上げは落ちてしまうけど、シャンパンタワーのためにそこは我慢する。

条件を出されたら、ひたすら頑張る

私の場合は、シャンパンタワーをお願いしたら、ビリージョエルの『ニューヨークの想い』をピアノで弾けるようになったらいいよと言ってくれたお客様がいた。条件を出されたら、ひたすら努力する。そんな風にして、協力してくれるお客様を探す。面白いもので、シャンパンタワーのことなんて知らなくても、それが夢だと話すと叶えてやりたいと思ってくれる人が意外に多い。それも日頃からその人との関係によるから、普段から御礼や礼儀を忘れずに接しておくことが大切だと思う。

そして誕生日にシャンパンタワーが出来たら、写真に撮って、協力してくれたすべてのお客様へ送る。あなたのおかげで夢が叶いましたと御礼メッセージを添えて。チャレンジはしてみたけど、達成出来なかったり、あと少し足りなかったりするかもしれない。そんな場合は自腹を切って完成させればいい。私だって、何度か足りない額を自分で払ったことがある。それで一度出来たら、翌年は「前回よりもすごいものがやりたい」とお願いする。私はそうやってステップアップしていった。

シャンパンタワーのねだり方実例

私、ずっと憧れているからやってみたい

Point!

気心知れた常連さんに素直に打ち明けてみる。まずシャンパンタワーの計画を立てて、一口いくらになるか考えておくこと。頼られると嬉しいお客様はいるから、まずは相談してみる。お客様の懐具合を見ながら。余裕がありそうな人には高い金額を言ってもOK。

今日の分をシャンパンタワーに回してもいいですか？

Point!

来店時にシャンパンをおろしてくれた場合は、その日は開けずにバースデーイベントに回していいかを確認する。

誕生日までに頑張ります！

Point!

面白がって「あの曲をピアノで弾けるようになったらいいよ」というように条件を出してくるお客様がいるので、条件を達成出来るよう全力で頑張る。

前金だけど大丈夫？

Point!

きさくなタイプには飲んだときのノリで「シャンパンタワーに協力してよ～！」と言うのもOK。「いいよ」と返答されたら、必ずその日のうちに100万円など内金をカード決済してもらい、確定しておくこと。

コガリケさん（『アールズカフェ』黒服）からの *message*

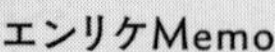

コガリケと旦那さんが仲良くなって、泥酔したコガリケ画像をLINEでやりとりするようになったのが、旦那さんとの距離が縮まったきっかけ。コガリケには感謝してる！

僕がアールズカフェに入った頃は、エンリケさんはもうナンバーワンでした。第一印象は、抱きたくなるようなキャバ嬢がナンバーワンになると思っていたから「あれ？」と思いました（笑）。

驚いたのは、エンリケさんのお客様に良い人が多いこと。オラついた人はいないし、恋愛を求めている人もいない。そこが不思議でしたが、エンリケさんが親しみやすくて、純粋だからかなぁと思います。辞めてからもエンリケさんのことを「良い子だったよな」という人は今でも結構多いですからね。それから感心したのが、休まないこと。体力あるなぁと思うんですが、ストイックな感じもしない。あとは、インスタなどの発信力。しかもコメントにはすべて目を通すところでしょうか。エンリケさんがすごいのは、キャバ嬢っぽくないところ。出来ないのが正しいのかもしれませんけど（笑）。エンリケさんの旦那さんとの出会いはお店でしたが、そのうち旦那さんから食事に誘われたんです、男同士で。それで僕が酔っ払った動画を、旦那さんがエンリケさんに送ったんです。そしたらその動画にエンリケさんがセリフを付けたりして。それからは僕の動画編集がふたりの共同作業になったみたいで。そんなとき、エンリケさんから「あの人、私のこと好きだと思う？」と聞かれて。旦那さんも好意はあるんだろうなと思っていましたが、それから付き合うのが早かった！　そしてまさか結婚するとは。これからはキャバクラのエンリケではなく、経営者のエンリケが見てみたいし、なれると思います。

chapter 4

お客様を店に呼ぶメール術

お客様に気持ちを伝えるＬＩＮＥやメッセージの書き方

目の前にいないお客様とのコミュニケーションに欠かせないのがＬＩＮＥやメール。相手が「またお店に行こうかな?」と思うきっかけになるメール術を、実例を交えながらお話しします。

お客様をお店に呼ぶ基本

また来店してくれる確率

ほとんどのキャバ嬢は、初めてのお客様の連絡先をとにかく聞こうとするけど、失敗から学んで、私は来店しなさそうな人の連絡先を聞くのを止めた（P.170参照）。また来てくれそうなお客様には聞くようにしたけど、その割合は全体の2割くらい。しかも連絡先を交換した人のうち、実際にまた来てくれるのはその半分ほど。つまり、全体から見ると、リピーターになってくれる可能性があるお客様はたったの1割しかいない。かなり狭き門なんだけど、そこを越えて常連さんになってくれないと売り上げが伸びない。

だから私は、すべてのお客様に同じようなメッセージを送るのではなく、タイプによって、送るタイミングから文面まで、細かく気を使って変えていた。これは14年間のキャバ嬢人生から習得した独自の方法で、現役を引退した今だからこそ話せること。あくまでエンリケ流だけど、応用出来ることもあると思うから、参考にしてみてね。

1 御礼メッセージ

初めて連絡先を交換したお客様に、翌日御礼メッセージを送るのは基本中の基本だけど、「オラオラ系」「気難しい人」「気さくな人」によって、送るタイミングや文面は変えた方がいい。

すべてのタイプの共通点としては、お店で撮ったツーショット写真や飲んだお酒の写真を送ると、こちらも忘れないためのメモ代わりになるから有効。

オラオラ系

このタイプのお客様はとにかく早さとレスポンスが重要で、御礼メッセージを送るのも早い方がいい。

22時にお見送りをしたとしたら、文面は短くていいから、22時10分くらいには送るようにしていた。内容は「今日はありがとう！　楽しかった。飲みすぎないようにしてね」くらいでいいと思う。返信はないことが多いけど、それでも全然かまわない。とにかく早く送ることが大切。

気難しい人

このタイプのお客様には、翌日の午前中に送るようにしていた。なぜなら、早起きしているのかどうかで、こちらのプロ意識を判断している人が多いから。

仕事が出来るキャバ嬢は早起きしていて、昼すぎまで寝ているのは仕事が出来ないやつだと思われる。

それが事実かどうかは別にして、実際、飲み慣れている何人ものお客様がそう言っていたし、クラブのママからも聞いたことがある。それによると、朝8時から11時くらいまでなら合格、15時から16時までならまぁまぁ、18時以降なら失格らしい。

私はたまたま朝に送っていたからラッキーだったけど、それを聞いてからは遅くとも午前中には御礼メールを送るよう心がけていた。

文面にしても定型文やモロ営業はもっての他で、御礼の他にゴルフでも野球でも必ず昨夜話した内容を織り交ぜて、ですます調の長文メールにしていた。
あと、気難しいタイプは自分から写真を撮りたいと言わない人が多いから、昨夜撮影した写真などを添付すると意外に喜ばれる。

気さくな人

このタイプのお客様はあまり気にせず、失礼なことだけ書かなければフレンドリーにタメ口メールを送ってOK。「昨日は楽しかった！ ありがとう」みたいな感じで短くていいけど、飲んだお酒など、定型文ではなくその人に関係することをひとつくらいは入れておくようにする。送るタイミングは夕方でも大丈夫。

2 来店を促すメール

オラオラ系

何度も連絡をしない方がいいと思う。

理由は、気を悪くする人がいるのと「行くときは行くから」と面倒くさがる人が多いから。来るまで待つ。ただし、オラオラ系は一回で終わることが多い。でもまた来店してくれたら、必ず御礼はすぐに送る。返信がなくても毎回送るから、「ありがとう」という私のメッセージばかりがＬＩＮＥ画面に並んでいる人もいる。それでも常連さんになってくれてることもあるし問題ない。ＬＩＮＥには返信がなくても、インスタグラムにコメントをすると返事をくれたりすることもある。どうしても連絡が取りたい場合は、ツールを選んでみるといい。

気難しい人

直球営業メールは禁物。

送るタイミングも、返事がない場合でも最低一ヶ月くらいは空けた方がいい。

内容は「最近暑いですね」とかどうでもいいことは避けて、前回話した内容を入れつつ、あまり短くならないようにする。たとえば、私の売り上げが上がらないことを相談したなら、「あれからちょっとは良くなったんですが、まだまだ全然ダメなので、また今度教えてくださいね」などその人が興味のあることを投げてみる。逆効果になるから、くれぐれも「また来てくださいね」などモロ営業の文面にしないこと。

気さくな人

ガツガツした営業はNGだけど、直球メールを投げても大丈夫。

前回、出張で来た人なら、「今度はいつ頃来てくれるの？」と聞いて返事があれば「いつ何時にする？」と来店日時を決めてもいいし、「時期が分かったら連絡するね」という返事で、なかなか連絡がなければ「あれからどうなった？」と催促してもいい。

また、前回来たときにその人の好きなお酒を置いていなかった場合は、「今度来てくれるときには●●を用意しておくね」と言えば、キープボトルを入れて常連さんになってくれる可能性が高くなる。

何度か来てくれるようになったら、毎回いきなり営業メールを送るより、「最近どうしてる？」と短い文面でのお互いの近況などをキャッチボールしながら、また次の来店につながるようなやりとりにする方がいい。

このタイプは必ず返信があるので、長文を送る必要はなし。

3 バースデーイベントに来てもらいたいとき

キャバ嬢にとって、バースデーイベントは年に一度の晴れ舞台。常連さんになってくれた人には、出来れば協力して盛り上げてもらいたい。

そんなときも、タイプによってアプローチの仕方は変えていた。

オラオラ系

最初からLINEやメールでは営業しない方がいい。

誕生日が近くなって来店されたときに、バースデーイベントがあることを話し、「シャンパンタワーを入れてくれたら嬉しいなぁ」と持ち上げる。オラオラ系には見栄っ張りな人が多いから、「楽しみにしてますね」と期待している感じで言う。ただし、LINEではシャンパンタワーをねだったりしないこと。基本、対面したときにお願いする。そのうえで、LINEで「期待しているから、かっこよく決めてね！」とフォローするのがいいと思う。

気難しい人

このタイプもＬＩＮＥやメールでの営業はＮＧ。へたに営業をかけると、へそを曲げて来てくれなくなるから。必ず来店したときに、面と向かって話すようにする。本心ではバースデーイベントに協力して欲しくても、その気持ちをそのまんま言ってはいけない。「今、バースデーイベントの準備をしているんだけど、●●がうまくいかなくて困ってるんですよね」と、相談ごとを持ちかけてみる。そうすると、アドバイスをしてくれたり、応援してくれたりする。

気さくな人

いつも営業だと相手もうんざりするから、バースデーイベントがあることと、「そのあたりで出張があれば寄ってくれると嬉しいな」くらいからアプローチするのがいいと思う。それで来てくれそうなら、日時を教えてもらって約束してもらう。

温度やテイストを相手に合わせる

以上、私が実践していたことを簡単にまとめてみたけど、この通りになるとは限らない。だいたいオラオラ系が2割、気難しい人が3割、気さくな人が5割くらいで、中にはオラオラ系で気難しい人もいたりするから、すべてがこのタイプに当てはまるわけでもない。

だから相手に合わせて臨機応変に対応する必要があるんだけど、全体的に言えるのは、連絡先を交換した人全員に、御礼メッセージを送ること。そして、ＬＩＮＥでメッセージをやり取りするときは、温度やテイストをなるべく相手に合わせること。

絵文字をよく使う人にはこちらも絵文字で、スタンプを多用する人ならこちらもスタンプを、文章だけの人ならこちらも活字だけ、というようにテイストを合わせる。

文章の温度も書く人によって違うから、相手によって変えるようにしていた。

大前提として、定型文は送らない。お客様とのコミュニケーションだから、コピペはせずに、その人だけに向けたメッセージを書くことを意識していた。

マナーに気をつける

お客様から私にＬＩＮＥが届くこともある。基本的にはすぐに読まず、翌朝見るようにしていた。なぜかというと、一度開いてしまうと既読が相手に伝わり、すぐに返事をしないと「既読スルー」になって印象が悪くなるから。

かといって営業中はすぐに返信出来ない。だから私は、ＬＩＮＥチェックをまとめて翌朝にして、読んだらすぐに全員に返事をするようにしていた。

同伴の御礼メッセージには、「すごく美味しかった！」など、料理の感想も入れるようにしていた。

もうひとつ、基本的に♥マークは使わなかった。後ろめたいことがなかったとしても、奥さんや彼女に見られたときに誤解される可能性があるため。

それから昔はＬＩＮＥがなかったから営業電話していたこともあるけど、今はよほどのことがない限り、親しい人でも電話をしないようにしている。

電話は相手の時間を奪(うば)ってしまうから、好きなときに見られるＬＩＮＥで連絡する。

メッセージを送るときのポイント

定型文は使わない

Point!

コピペしているのは相手にも必ず分かるから、当たり障（さわ）りのない定型文は使わずに、必ずその人に向けたメッセージを書く。

御礼メールは翌日の午前中に

Point!

飲み慣れているお客様は、御礼メールを送るタイミングでプロ意識を判断していることがあるから、翌朝の午前中には送ること。

営業メールばかりにならないこと

Point!

たとえ気さくなお客様でも、送られてくるのが営業メールばかりだとうんざりするので、受け取る側に立って考えること。

お客様のタイプによって文面を使い分ける

Point!

誰にでも同じ文面を送るのではなく、その人に合ったテンションや内容になることを心がける。

相手のテイストに合わせる

Point!

絵文字やスタンプや文面など、お客様によって温度やテイストが違うから、出来るだけ相手のノリに合わせること。誤解される恐れがあるので、♥マークは基本的には入れない。

お誕生日、新年のメール

誕生日メッセージ

オラオラ系

短文ではなく、その人の好みや趣味の話を盛り込む。たとえば、ゴルフが好きな常連さんであれば「お誕生日おめでとうございます。この前はゴルフをご一緒出来て楽しかったです。今年はスコア90を切れるといいですね。また近々お祝いさせてくださいね」というように。

これも返事がないことが多いけど、常連さんに限らず連絡先を交換したお客様なら、その人が好きな話題に触れておくこと。

気難しい人

来店を促(うなが)す営業は入れないこと。「お誕生日おめでとうございます。○○さんに教えてもらったことが勉強になったので、とても感謝しています。未熟者の私ですが、○○さんとはこれからも仲良くしたいので、よろしくお願いいたします」と、少し長めに書くようにしていた。

ポイントは感謝の気持ちを伝えることと、頼りにしているのでこれからも支えてくださいというニュアンスを含むこと。

気さくな人

短い文章でフレンドリーに書けばいいと思う。「お誕生日おめでとう。○○さんにとって素敵な年になりますように。これからも仲良くしてね」という感じで、友達のような距離感で。

気さくな人はだいたい返信も早いから、長文よりは短い文章でのキャッチボールすることを心がける。

誕生日後の来店では

お客様が誕生日の後に来店されたら、必ずお祝いする。プレゼントの選び方（P.118参照）で書いたように、内容はその人が使ってくれた金額にもよるけれど、何かプレゼントを渡すと間違いなく喜んでもらえる。

太客の常連さんであれば、その人が好むブランドの洋服を事前に調べて買っておいたり、それほど金額を使っていないお客様でもエルメスのバスタオルを渡したり、シャンパンをおろしたりしていた。

たとえば、初めていらしたお客様が誕生日だとわかった場合も、お祝いは何かしらするようにしていた。お店にはそのために用意している、それほど高くないシャンパンがあるし、サプライズに感激して、常連さんになってくれることもある。「おめでとう」の気持ちを形にして伝えることが何より大切。

新年の挨拶にもひと工夫

新年の挨拶は、お客様と接点を持つ絶好のチャンス。だからお正月にLINEをするキャバ嬢は多いけど、定型文の挨拶だけではダメ。ひどいのは、「明けましておめでとうございます。今年もよろしくお願いいたします」というスタンプでぽんぽん送る子がいる、しかも3日とか4日くらいに。そんなことは絶対やってはいけない。コピペの文章は相手に分かるし、関係が希薄に感じる。

当然、新年の挨拶もお客様のタイプによって変えるべき。

オラオラ系

返信はなくても見るから、少し長めの文章で送る。

明けましておめでとうございますの後に「去年はたくさんありがとうね。今年も楽しく飲もうね。年明けは●●日から営業するから、いつでも待ってます」という感じで、さらにその人との共通の話題を入れたりして、相手が自分に向けたメッセージだと分かるようにする。

気難しい人

長文が基本。

挨拶のメッセージの後に、「今は地元に帰っていますが、新年からまた仕事頑張るので、もっと成長できるように色々教えてください。昨年は一緒にゴルフに行けて楽しかったので、今年もぜひ行きましょう。夏にはクルーザーにも乗ってみたいです」とお世話になった御礼や今年一緒にやってみたいことなどを入れる。

気さくな人

短くフレンドリーで大丈夫。

「また、●●を一緒に飲もうね」など、その人特有の情報を少しは入れるのがいいと思う。

どのお客様タイプでもそうだけど、綺麗(きれい)な文章を書こうとしないこと。もちろん、整っている文章の方がいいんだけど、それよりは多少下手でも気持ちが伝わる方が喜ばれる。

新年の挨拶を送るタイミング

私は大晦日から元日は、メールを送るために丸一日オフにしていた。

新年の挨拶が早い方が喜びそうなお客様や、サプライズが好きなお客様はリストアップしておいて、日付が変わった0時になったら優先的に送り始める。

一人ひとりに気持ちを込めてその場で文章を作るから、全員に送り終わるのは朝の6時頃までかかる。

売れてからもそこは変えず、年明けの1日はひたすらメールを書いて終わった。

すごく疲れるんだけど、これを続けることで信頼関係が深まるし、結果的に売り上げにつながっていった。

誕生日、新年の挨拶メールのポイント

連絡先を交換したお客様には全員送る

たとえ返事がなくても来店御礼、お誕生日と新年の挨拶は必ず送る。

個別のメッセージを加える

受け取った方が、コピペではなく自分に向かって書いているんだなと分かるような内容を入れておく。お客様によってテイストを変える。

タイミングを考える

Point!

誕生日も新年の挨拶も、日付が変わる0時ピッタリに送ると喜ぶお客様の場合は、優先的に送る。

上手な文章より気持ちが伝わる文章

Point!

整った文章を書くより、気持ちが伝わる文章にする。受け取った人の立場で内容を考える。誕生日と新年は、日頃の感謝の気持ちを言葉に出して伝える。

特別付録

仕事ができる人は記録がうまい！

エンリケ実物日記、初公開！

夢を引き寄せるエンリケ日記

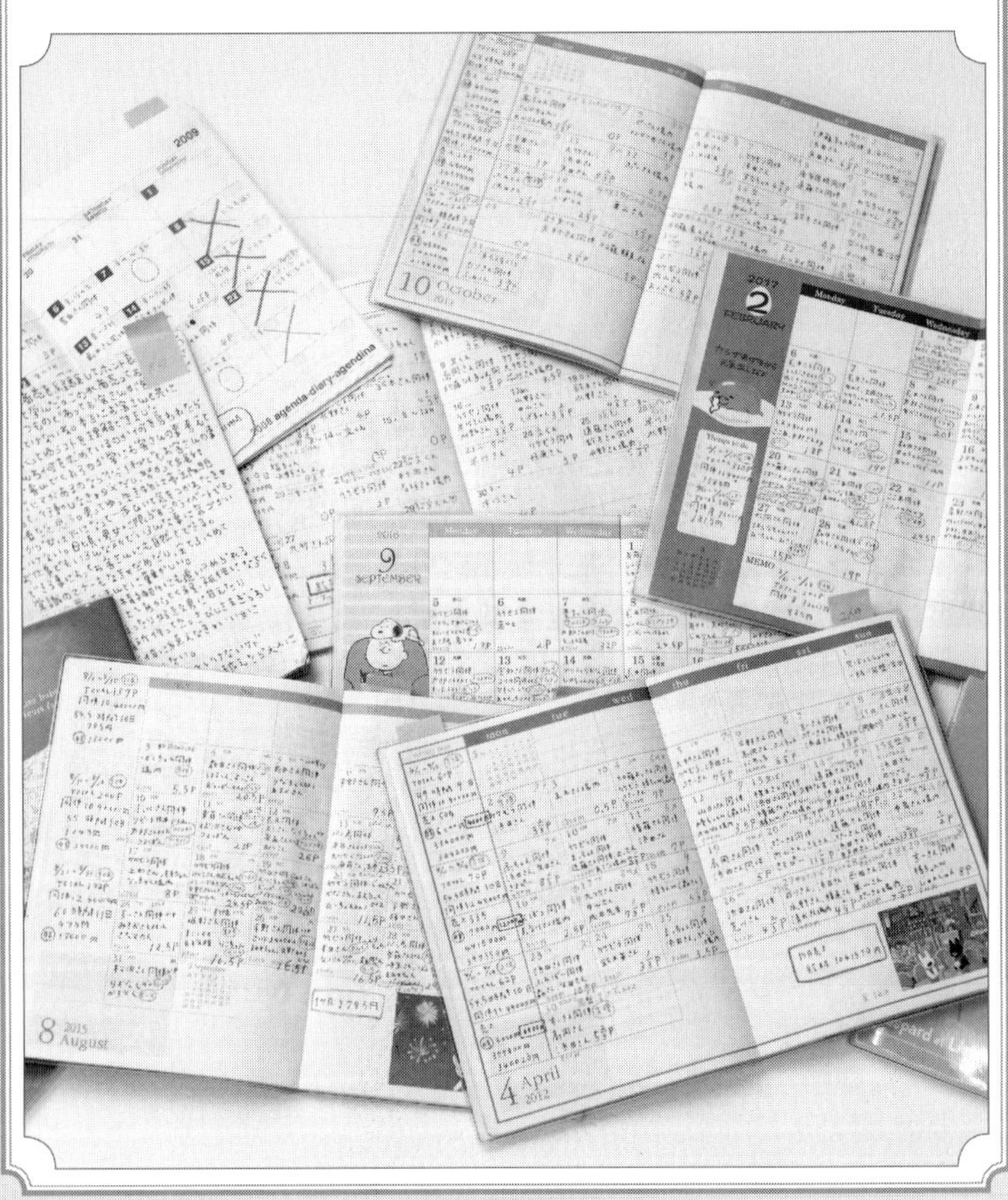

仕事の見える化「記録術」

Point! 10日ごとの締め日のポイント、働いた時間、日数、同伴数、時給、お給料、ランキングなどを書き留めておく。

weekly plan

11/1〜11/10 1位
TOTAL 200P
55時間 10日
同伴18.5 19400
時 22000円
1210000
ドリンク 24000円
1428000円
1285200円

11/11〜11/20 1位
TOTAL 64P
53.5時間 10日
同伴13.5 54000円
時 6000円
375000円
340000円

11/21〜11/30 11位
TOTAL 70P
[illegible]時間 10日
同伴8.5 34000円
時 7000円 3740

花・女の子・ダ
・おっさん
・ぷーさん
・森さん

同伴バック
1〜2, 1回2000
3〜5 1回3000
6以上 1回4000

10P — 3,000
20P — 3,500
30P — 4,000
40P — 4,500
50P — 5,000
60P — 6,000

時給バランス
10日/44h

Point! ポイントバックがいくらになるのか、基本的な事項も覚えるまではメモをしておく。

22 松岡さん同伴 森さんVIP, 加藤さん 10P
23 わたなべさん同 VIP 22.5P
24 すーさん同伴 VIP 87.5P
29 近藤さん同伴 13.5P
30 鈴木社長 松沢さん同 55P
31 ハロウィーン 同伴 51卓 ポイント 239P 売上 804万円 674P

Point! 毎日、その日に来店されたお客様、入ったドリンク、同伴、ポイント数などを記入しておく。

※実際の日記をスキャンしたものなので、裏移りがございますが、汚れではありません。

2009

FRIDAY VENDREDI	SATURDAY SAMEDI	SUNDAY DIMANCHE
3 8H～1H けんちゃん おりくん 1,5P	**4** 8H～2 たかちゃん同伴 大竹さん、 すーさん、 和田ちゃん 11P	**5** スーパーせんとう
10 8,15～ 竹田さん同伴 4P	**11** 8～2,15 遠藤さん同伴 和田ちゃん、 鈴木さん 9,25P	**12** ゴルフ なるみ すーさんとの スコア (105)
17 8～2,15 しげちゃん 場内 6,1P	**18** 8～2H 伊藤ちゃん同伴 ひろちゃん場内×4 おさむっち×1,5 8,4P	**19** 入学式 せんとう
24 8,15～2H 山本さん 2P	**25** 8H～12 しげちゃん 1,5P	**26** ゆうちゃんと しげちゃんと かめやまゴルフ スコア (104)
1	2	3

4/21～4/30
トータル P31.35
給料 140000円
キャッシュ 3,750円

20

2009年4月の日記

4/6（月）～9（水）の4日間、お客様が1人も来ないぼーずが続く。このままいても早上がりをさせられるばかりで稼げないので、ついにお店を辞めることを決意。

○印……ぼーず

4 APRIL AVRIL

お客様が1人もいないぼーず

MONDAY LUNDI	TUESDAY MARDI	WEDNESDAY MERCREDI	THURSDAY JEUDI
30	31	1 〇	2 〇
6 8.45～11H 〇	7 9H～11H 〇	8 〇	9 〇
13 8～2 前田さん同伴 大竹さん、まきのさん 11.45P	14 8H～12.45 なお君 0.5P	15 8H～11.15 〇	16 8～2 高ちゃん同伴 ういちろう 4.2P
20 8～1 鈴木さん ナガシマカントリ スコア110 8.15P	21 8H～12H 〇	22 8H～1 竹ちゃん、へいちゃん 2.7P	23 9～12.15 大竹さん同伴 5.6
27 8H～12 和田ちゃん キープボトル 1.5P	28 8～1 山口けんけん同伴 中山ひろき 6.9P	29 9～1 森りゅうちゃん 4.9 Showa Day	30 8～1.15 たかちゃん同伴 しげちゃん 6.25P

Notes

4/1～4/10
トータル 17P 32.5時間
給料 172000円
キャッシュ 3150円 NO.17

4/11～4/20 41.3時間
トータル 48.15P
給料 190000円
キャッシュ 4,800円 NO.5

※実際の日記をスキャンしたものなので、裏移りがございますが、汚れではありません。

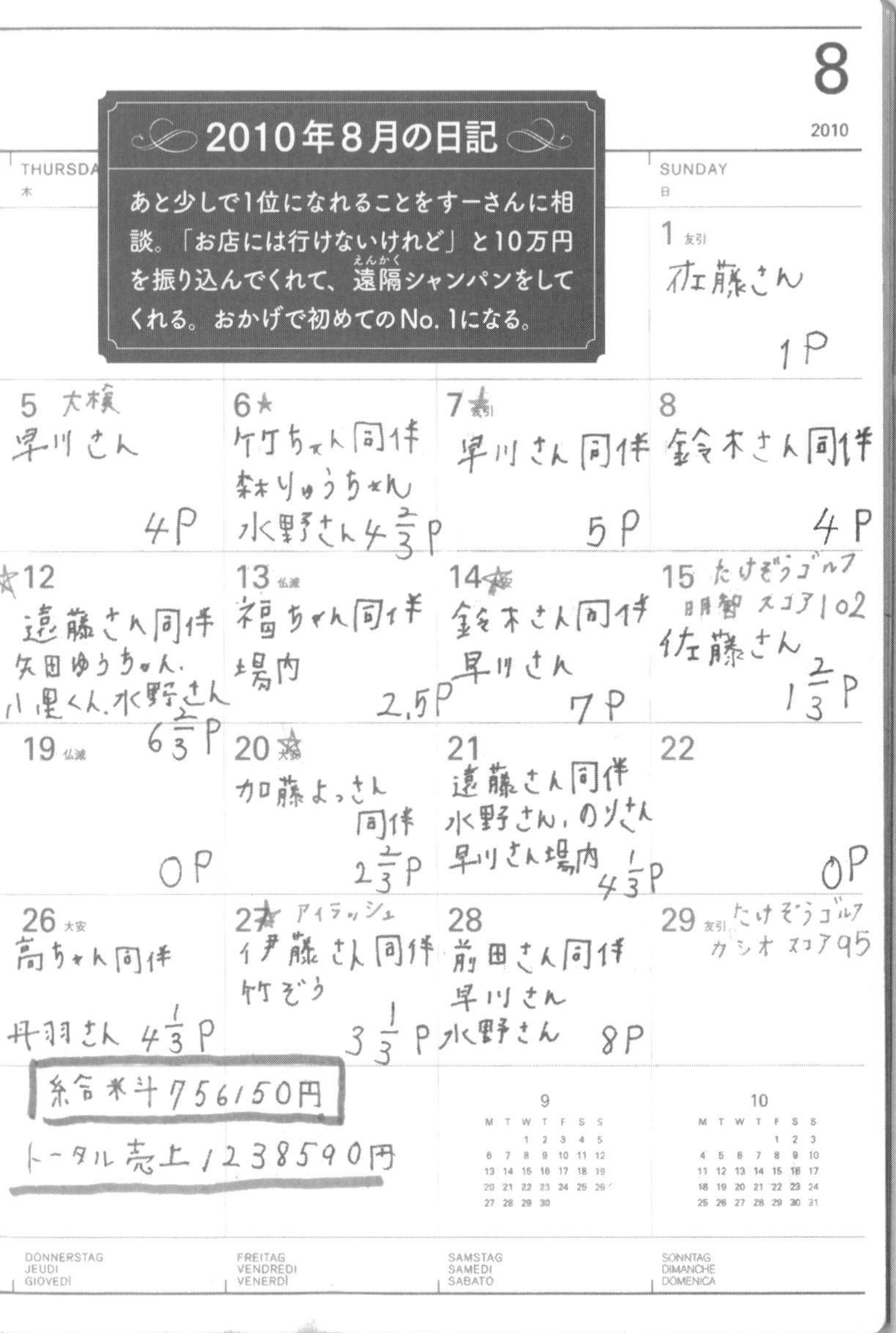
8
2010
THURSDAY
木
2010年8月の日記
あと少しで1位になれることをすーさんに相談。「お店には行けないけれど」と10万円を振り込んでくれて、遠隔シャンパンをしてくれる。おかげで初めてのNo. 1になる。
SUNDAY
日
1 友引
佐藤さん
1P
5 大検
早川さん
4P
6★
竹ちゃん同伴
森りゅうちゃん
水野さん 4 2/3P
7★ 友引
早川さん同伴
5P
8
鈴木さん同伴
4P
★12
遠藤さん同伴
矢田ゆうちゃん、
小黒くん、水野さん
6 2/3P
13 仏滅
福ちゃん同伴
場内
2.5P
14★
鈴木さん同伴
早川さん
7P
15 たけぞうゴルフ
明智 スコア102
佐藤さん
1 2/3P
19 仏滅
0P
20★
加藤よっさん
同伴
2 2/3P
21
遠藤さん同伴
水野さん、の川さん
早川さん場内
4 1/3P
22
0P
26 大安
高ちゃん同伴
丹羽さん 4 1/3P
27★ アイラッシュ
伊藤さん同伴
竹ぞう
3 1/3P
28
前田さん同伴
早川さん
水野さん
8P
29 友引 たけぞうゴルフ
カシオ スコア95
給料756150円
トータル売上1238590円
DONNERSTAG
JEUDI
GIOVEDÌ
FREITAG
VENDREDI
VENERDÌ
SAMSTAG
SAMEDI
SABATO
SONNTAG
DIMANCHE
DOMENICA

August

August・Août・Agosto

初めてのNo.1

	MONDAY 月	TUESDAY 火	WEDNESDAY 水
7/26〜8/5 TOTAL 40P (5位) 60.5時間 11日 同伴7 28000円			
272250円 売上454945円 (時) 4500円	2 竹ぞう同伴 しげちゃん 高ちゃん同 5P	3 仏滅 村田さん 1P	4 大安 うっちぃ同伴 水野さん、 山尾ゆう 7P
8/6〜8/15 TOTAL 53P (1位) 55 時間 10日 同伴8 32000円	9 仏滅 ☆ネイル 鈴木さん同伴 まさるくん $6\frac{1}{3}$P	10 ● うっちぃ同伴 佐藤さん同伴 わかさま $8\frac{2}{3}$P	11 友引 すーさんとゴルフ しんさい寺スコア9 鈴木さん同伴 水野さん、中山さ 8
275000円 売上519500円 (時) 5000円	16 スーパーせんとう	17 友引 竹ぞう同伴 手づかさん、 福場内 5P 水野さん場内	18 早川さん 村田さん 5P
8/16〜8/25 (8位) TOTAL 30P 49.5時間 9日 同伴4.5 13500円	23 友引 浴衣イベント 早川さん同伴 5P	24 東名古屋スコア100 のりさん同伴 佐藤さん $6\frac{1}{3}$P	25 仏滅 ○ 早川さん場内 奥村さん 1.5P
222750円 売上264650円 (時) 4500円	30 早川さん場内 水野さん $1\frac{1}{3}$P	31 仏滅 水野さん 2P	
	MONTAG LUNDI LUNEDÌ	DIENSTAG MARDI MARTEDÌ	MITTWOCH MERCREDI MERCOLEDÌ

※実際の日記をスキャンしたものなので、裏移りがございますが、汚れではありません。

thu	fri	sat	sun
1 友引 山口さん同 松岡さん同 りこちゃん同×2 巣山さん、浜田さん	2× 72 2/3P	3× 文化の日 仏滅 遠藤さん同伴 すーさん同伴、カツさん同 向井さん同伴、ぷーさん すずたん同伴、浜田さん 17 1/3P	×4 大安 あきひろっち同伴 中村さん、椿ちゃん 浜田さん 10P
8× 15 2/3P 竹ぞう同伴 あんちゃん同伴 しおりん 6 1/3P	9× 仏滅 塩河105 すーさん同伴、たけぞう同 トヨ洞 巣山さん、浜田さん ぷーさん、久里子さん	10× 大安 遠藤さん同伴 すーさん同伴、浜田さん同 森さん同伴、坂本さん同 13 1/3P	11×8~ 中村さん場内 椿ちゃん、 なおくん 400円 2 2/3P
15× 大安 涼仙125 浜田さん同伴 加藤さん同伴 1500円 8 2/3P	16× 1000円 2 1/3P 横井さん同伴 浜田さん 800円 3 1/3P	17× 遠藤さん同伴 ぷーさん 5 1/3P	18 友引 8~× 岩盤浴 リンパ60分 中村さん 浜田さん 出口さん場内 6.5P
22× イベント 竹ぞう同伴 森さん、ぷーさん 浜田さん 6 1/3P	23× 勤労感謝の日 8~ 浜田さん ぷーさん、幸子さん 7 1/3P	24× 友引 遠藤さん同伴 鈴木さん同伴、ぷーさん じゅんじゅん、出口さん リピート 14 2/3P	25× 浜田さん同伴 2 1/3P
29× 小川さん同伴 椿ちゃん、浜田さん 5 1/3P	30× 友引 すーさん同伴 5P		12 m t w t f s s 1 2 3 4 5 6 7 8 9 10 11 12 13 14 15 16 17 18 19 20 21 22 23 24 25 26 27 28 29 30 31

松岡さん同 1H
山森さん
林さん 1H
立花さん
長谷川修 2.5
おさむっち
じゅんじゅん
のりさん
小黒くん
中山さん 3set

西脇さん
ふっさ

同伴17卓
30人

モエマグナム
モエ白×5
モエゴールド×2
8本

2012年11月の日記

ぷーさん、浜さん2人の太客に支えられて売り上げが安定している時期。日記をみてわかるとおりこの頃はまだシャンパンがほとんどおりてない。イベントがあったので同伴が多い。

weekly plan	mon	tue	wed
11/1～11/10 (1位) TOTAL 200P 55時間 10日 同伴48.5 1940000円			
(時) 22000円 1210000 ドリンク 24000円 1428000円 1285200円	5× しげちゃん同伴 片山さん (リピート☆) 400円 6P	6× 近藤さん同伴 トヨシ同伴、山本さん同 あんちゃん、浜田さん 10⅓P	モエ・ロゼ 7× 東名古屋 125 加藤さん同、トヨシ同 れいみ同、たけぞう同 あんちゃん同、藤原さん 浜田さん、梶本さん 2900円 服部さん
11/11～11/20 (1位) TOTAL 64P 53.5時間 10日 同伴13.5 54000円	12×8～(生理) 浜田さん 600円 3P	13× 友引 竹ぞう同伴 浜田さん ぷーさん 6P	14× 仏滅 22⅓P 竹ぞう同伴 梶さん同伴 浜田さん同伴2 大野くん場内 7⅓P 白山さん場内
(時) 6000円 375000円 340000円 11/21～11/30 (1位)	19× イベント 竹ぞう同伴 浜田さん 森さん 4P	20× 仏滅 イベント 竹ぞう同伴、加藤さん同 トヨシ同伴、はやさ同 ことぶき同、浜田さん ぷーさん 14⅔P	21× 大安 イベント れなちゃん 浜田さん 森さん 3⅔P
TOTAL 70P [illegible] 時間 10日 同伴8.5 34000円 (時) 7000円 374000円	26× 仏滅 安井さん同伴 ぷーさん 6.5P	27× 大安 加藤さん同伴 浜田さん 5⅔P	28× 古村さん同伴 ぷーさん 浜田さん 6⅔P

花　・女の子　・多志津さん　・ファーストじゃん
・おっさん　・りこちゃん×2　・グラン善花
・ぷーさん　・じんくん　・なぐちゃん
・森さん　・水野さん　・大野くん
・加藤さん　・あゆちゃん　・エッグマシーン

11/2
関谷さん同
早川くん同
浜田さん同
山本さん同
坂本さん同
林さん同
伊藤さん同
久野さん同 350+
大木さん同

ぷーさん同 オープンラスト
あやちゃん
たけぞう同
あんちゃん同 1H
内山さん同
前田さん同 4.5
加藤さん同
大竹さん同 オープンラスト
中山さん [illegible]

11 November 2012

1ケ月　200万円

※実際の日記をスキャンしたものなので、裏移りがございますが、汚れではありません。

2014

THU	FRI	SAT	SUN
2 大安 竹ぞう同伴 ラドンナちーちゃん○×1 ベルエポック しんごくん(ブーブ) ○×2 16470 9P	3 赤口 わたなべさん同伴 ○×1 VIP 岸元さん、場内 15233 12,5P	4 先勝 オッツ つっちー同伴 筆井さん ようりちさん 11574 15P	5 友引 西田さん同伴 安本さん○×3 グーデ×2 しんごくん○×6 グーデ 12908 19P
9 赤口 伊藤ちゃん同伴 ベルエポック 14793 7P	10 先勝 竹ぞう同伴 安本さん グーデ2本 ○×2 14649 9P	11 友引 まっちゃん同伴 佐藤さん オーパスワン半 斉藤さん VIP クリュグ 14249 31,5P	12 先負 まっちゃん同伴 安田さん VIP 高木さん場内 14951 6P
16 先勝 竹田さん同伴 須原さん 16983 5P	17 友引 コレット 竹田さん同伴 加藤よっさん 東京の女の子、若さん 15222 11,5P	18 先負 まっちゃん同伴 場内 17648 4,5P	19 仏滅 まっちゃん同伴 山崎さん 坂ちゃん(すっぽん) 井ヨウさん 19029 11P
23 友引 パンドラ わたなべさん同 VIP グーデ のぶ君 ベルエロゼ アンジェールまなみ モエネク 17145 22,5P	24 先負 すーさん同伴 VIP りおな同、あゆママ 吉永くん エノテーク VIP 太田さん○×2 クリュグ2本 15219 37,5P	25 仏滅 すずたん同、佐藤さん同 VIP VIP らなグーデ ベルエポック 鈴木社長 クリュグ VIP 16269 33,5P	26 大安 前田さん同伴 VIP あきひろっち同伴 同 田村あつし、らな モエネク りおな ドンペリ VIP 14747
30 先負 ドンペリ ベルエポック りなちゃん同 ゆり同 ひびきママ同 りせ同 グーデ 鈴木社長 ドンペリ3本 松沢さん同 クリュグ 55P 須原さん ベルエポック ここな 16716	31 ハロウィーン 仏滅 同伴 51卓 ボトル 239P 売上804万円 474P 19525		

10月 553万円

11

M	T	W	T	F	S	S
					1	2
3	4	5	6	7	8	9
10	11	12	13	14	15	16
17	18	19	20	21	22	23
24	25	26	27	28	29	30

2014年10月の日記

10/30（金）のバースデーイベントで、憧（あこが）れのシャンパンタワーが初めて実現した。心の支えすーさんと、ピアノで『ニューヨークの想い』が弾（ひ）けたらねと課題を出してくれたお客様に感謝！

10 October

MEMO	MON	TUE	WED
10/1～10/10 (1位) TOTAL121P 同伴10 40000円 55時間 10日			1 仏滅 ケケぞう同伴 川口社長 VIP 19265 6,5P
70万 64万円 (日)12000円	6 先負 こせよさん同伴 松沢さん0×1 ツイン 寺ちゃん (モエ初) 14609 まいか 14,5P	7 仏滅 クモカゼ ケケぞう同伴 じゅんママ 0×1 (ベルエポック) 田村あつし 16609 8P	8 大安 ケケぞう同伴 16099 3P リサとガスパールのであいの日
10/11～10/20 (1位) TOTAL113P 同伴9 36000円 49,5時間 9日	13 体育の日 仏滅 (生理) 休み 14951	14 大安 ケケぞう同伴 リスペクトさん 大岩さん場内 まい0×1 18320 8,5P	15 赤口 DON&DUEL ケケぞう同伴 パブ松 0×1 17317 5,5P
580500円 59万円 (日)11000円	20 大安 さきっちょ同伴 (モエネク) ユニバーサル れんちゃん 大ケケさん VIP (ベルエポック) あいちゃん,場内 18958 20P	21 赤口 山口けん同伴 ここな同伴 (ドンペリ 2本) 16279 18P	22 先勝 松岡さん同伴 森さん VIP, 加藤さ ほっしー (ドンペリ) 18010 10P
10/21～10/31 (1位) TOTAL730P 同伴76 304000円 61時間 11日	27 赤口 ケケぞう同伴 しむにい0×1 大岩さん VIP (ベルエポック) 15574 10,5P	28 先勝 しげちゃん同伴 まなみ (ドンペリ) きかりん (モエネク) 14005 10P	29 友引 近藤さん同伴 かな同伴 エリナちゃん (モエネク) 16716 13,5P

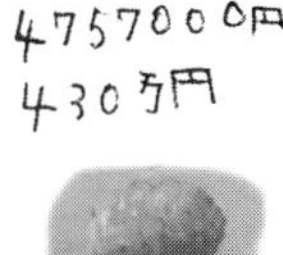

4757000円
430万円

ここな 14.5P
かな 13P
れなちゃん 22P

初めてのシャンパンタワー

※実際の日記をスキャンしたものなので、裏移りがございますが、汚れではありません。

THU	FRI	SAT	SUN
1 友引 須原さん同伴VIP 久保田さん0×1 中野さん0×1（ヴーヴ） 斉藤さん0×1（クリュッグ） 23422 20.5P	2 先負 竹そう同伴 吉永さんVIP 23443 6P	3 仏滅 須原さん 23443 1.5P	4 大安 まっちゃん同伴 森田さん0×1 VIP（モエネク3本） 安元さん0×2（ヴーヴ3本） 25652 26.5P
8 先負 松岡さん同伴 ゆーじ0×4、森さん、 なめかわさん0×2 中野さん（良×2） リサとガスパールのであいの日 10179 14P	9 仏滅 美容105 池上さん同伴 田口さん0×1（モエネク2本） のんのん えりちゃん（モエネク） 30744 16.5P	10 大安 松岡さん同伴 松沢さん（クリスタル） 山口けんけん0×1 ちかさん0×2 35780 16P	11 赤口 からシャえりかちゃん同伴 保田さん0×4（ベルエ）（ヴーヴ） りなちゃん 39692 18P
15 大安 竹田さん同伴 ゆーじ0×1 斉藤さん0×1（オーパス2本） り本さん0×5 24231 30.5P	16 赤口 同伴 山田えりか、山田さん なめかわさん0×1 杏ちゃん 36349 9P	17 先勝 伊藤ちゃん同伴 かず君、上村さん 岡本さん0×1、吉富さん 米田さん0×1（ヴーヴ）場内 27451 13.5P	18 友引 細山田さん同伴 ペイリー、千か衣（ベルエ2本） ネット場内0×2（ドンペリ） 浜田さん、宮野さん 32547 26.5P
22 赤口 松岡さん同伴 いな×2、伊藤社長同伴 青木さん同伴（オーパス） 斉藤さん0×4（クリュッグ3本） つよぽん（ヴーヴ）かなこさん 米姫（ヴーヴ3本） 70P	23 先勝 （生理） つっち同伴 吉永さん、なめかわさん 松沢さん（クリスタル） もえっぴ、れい 50035 20P	24 友引 すーさん同、まつおか同 坂野さん同（シャブリ） 伊藤にゃ〜（ドンペリ） 森田さん（ヴーヴ3本）兵藤さん さも、上甲さん（ベルエ） 34735 34.5P	25 先負 鈴木さん同伴 華井さん×2、大将同伴 山本はる、清田さん場内 23558 17P
29 先勝 同伴57回 917.5P 2939	30 友引 森田さん同伴（ヴーヴ×2） 山田えり、あゆ同伴（ヴーヴ） りこちゃん×2（クリュッグ） 59543 30.5P	31 ハロウィーン 先負 すーさん同伴VIP ゆなちゃん0×1 スズさん 福岡さん（ドンペリ）（ベルエ） 内藤（ヴーヴ）さつき0×1 おっぱー0×3 ゆ.たママ0×2 のんのん（モエロゼ） 48500	11 November M T W T F S S 1 2 3 4 5 6 7 8 9 10 11 12 13 14 15 16 17 18 19 20 21 22 23 24 25 26 27 28 29 30

2015年10月の日記

「シャンパン直瓶（ちょくびん）」ブログやFacebookで実際にシャンパンを1本飲み干す動画をアップしたら、お客様が一気に増えた。日記をみてもわかるとおり、シャンパンがおりはじめている。

10/1〜10/10 (11位)
TOTAL 155P
同伴10 40000円
54.5 時間10日
78万円

10/11〜10/20 (1位)
TOTAL 192P
同伴10 40000円
55 時間10日
98万5千円

10/21〜10/31 (1位)
TOTAL 137.5P
同伴8ヶ 336000円
863400
8017000円
62.5時間11日

	MON	TUE	WED
	5 赤口 松岡さん同伴 ブログ指名 26509 4.5P	6 先勝 長井同伴 松沢さん (ワイン2本) 須原さんVIP 江崎さん0×1 27728 20P	7 友引 松岡さん同伴 だいすけ場内 大島さん0×1, 場内 しんたん0×1 32499 12P
	12 体育の日 先勝 石橋さん同伴 ガラシャえりか0×1 たーぼー0×2 (ヴーヴ) しょーたろう, りおな0×1 27103 13.5P	13 先負 ケケぞう同伴 浜田さん, 森田さん 太田さん0×1 (ベル2本) 梶さん場内, 三国さん0×1 32518 18.5P	14 仏滅 ゆかりさん同伴 伊藤ちゃん0×1 阪野さん (ワイン2本) 坂田さん 32249 18.5P
	19 先負 山本さん同伴0×3 おっぱー0×2 VIP パブ松, ネット指名 37947 16P	20 仏滅 ケケぞう同伴 ゆーじ0×4 (ヴーヴ) こうじさん (ヴーヴ) 25945 10P	21 大安 鈴木さん同伴VIP (ヴーヴ) ゆずき0×1 VIP 須原さんVIP 31358 13.5P
	26 仏滅 佐藤さん同, 梶さん同伴 安藤さん0×2, ゆうか0×1 岡本さん0×1 (ベルエポ) 伊藤さん0×1 (ヴーヴ) 33389 54P	27 大安 岡田さん同伴 きらりん同伴 こうじさん (ヴーヴ) 0×1 (クリスタル) (ベルエ) 宮本さん (クリュグ) 28802 0×2 43P	28 赤口 インペリアルさえ同伴×2 渡辺さん (ドンペリ) (クリュグ) リバルチャ同×2 (ドンペリ) 鈴木社長0×1 (ドンペリ) きらりん (クリスタル) 長尾さん (ドンペリ) たくみ×3 (ヴーヴ2本) 伊藤社長 (オーパス) (ドンペリロゼ) 山ちゃん (ドンペリ) 34392 D りゅうき同×2 (モエ) 87P リオンりほ (ヴーヴ) 田中 (ヴーヴ) がれい

1ヶ月978万円

3324万円

10 2015 October

※実際の日記をスキャンしたものなので、裏移りがございますが、汚れではありません。

Thursday	Friday	Saturday	Sunday
		1 先負 松岡さん同伴 伊藤ちゃん 場内 あさちゃん 9P 新月	2 仏滅 ピーナッツ生誕の日 西田さん同伴 4P
6 友引 ナメカタさん同伴 新規0×1 ダーヴ 近藤さん ダーヴ さおり0×1 クリュグ	7 先負 梅ちゃん同伴 新規0×1 北川会長×2 14P	8 仏滅 同伴 タカピ ドンペリ タッキー ダーヴ 指名0×3 ダーヴ 31.5P	9 大安 梶川さん同伴 ほのか0×2 ドンペリ まきちゃん 17.5P 上弦
13 先負 梶さん同伴 矢吹さん同伴 ドンペリ しんじさん、すみさん0×1 女の子0×2 モエ白 22P	14 仏滅 竹ぞう同伴 しほちゃん0×1 加藤さん 南さん0×1 13P	15 大安 伊藤ちゃん同伴 じんくん ドンペリ タカシさん0×4 新規 21P	16 赤口 長井さん同伴 田中さん0×1 ドンペリ 宮本さん0×3 ダーヴ4本 星野さん0×4 ドンペリ モエネク2本 りおな0×1 モエネク 女の子 りおな モエ白 満月 37.5P
20 仏滅 星野さん! 長井同伴 7P	21 大安 りこちゃん同伴×2 りさ同伴 ドンペリ 松沢さん×3 アルマンド 36.5P	22 赤口 水野さん同 アルマンドロゼ 松岡同、いくちゃん モエ白 みおほ ドンペリロゼ みこが ドンペリ ダーヴ 東京のお客様 ドンペリゴールド オーパス クリュグ 92P	23 先勝 つっちー同伴 山ちゃん ドンペリ 西村さん×2 クリュグ2本 クリスタル2本 53P 下弦
27 大安 同伴85回 1128P	28 赤口 森田さん同伴 モスなつみ×3 モエネク ANDるみな0×1 モエネク しんたん ダーヴ りな×2 ドンペリ みかてて クリスタル クリュグ 55P	29 先勝 しげちゃん同伴 すずたん同伴 ゆうな ドンペリ 善さん ピンドン 金沢しおり×3 ネクター ませきさん0×3 ドンペリ クリュグ 92.5P	30 友引 パブ松同伴 梶川さん同 ドンペリ 栗ちゃん同 クリスタル2本 いくみ同×2 ドンペリ ススキ1×3 モエ白 じゅんじゅん モエネク 61.5P

10/21〜10/31
TOTAL 1970P
62時間11日
同伴114 456000円
1141万円

1ヶ月1343万円

2016年10月の日記

2015年に始めたインスタ効果が出始め、この頃から女性のお客様が増え始める。かつて私の顔を一目見て「チェンジ」と言ったお客様も、私のことを忘れて「エンリケに会いに来た」と訪れた。

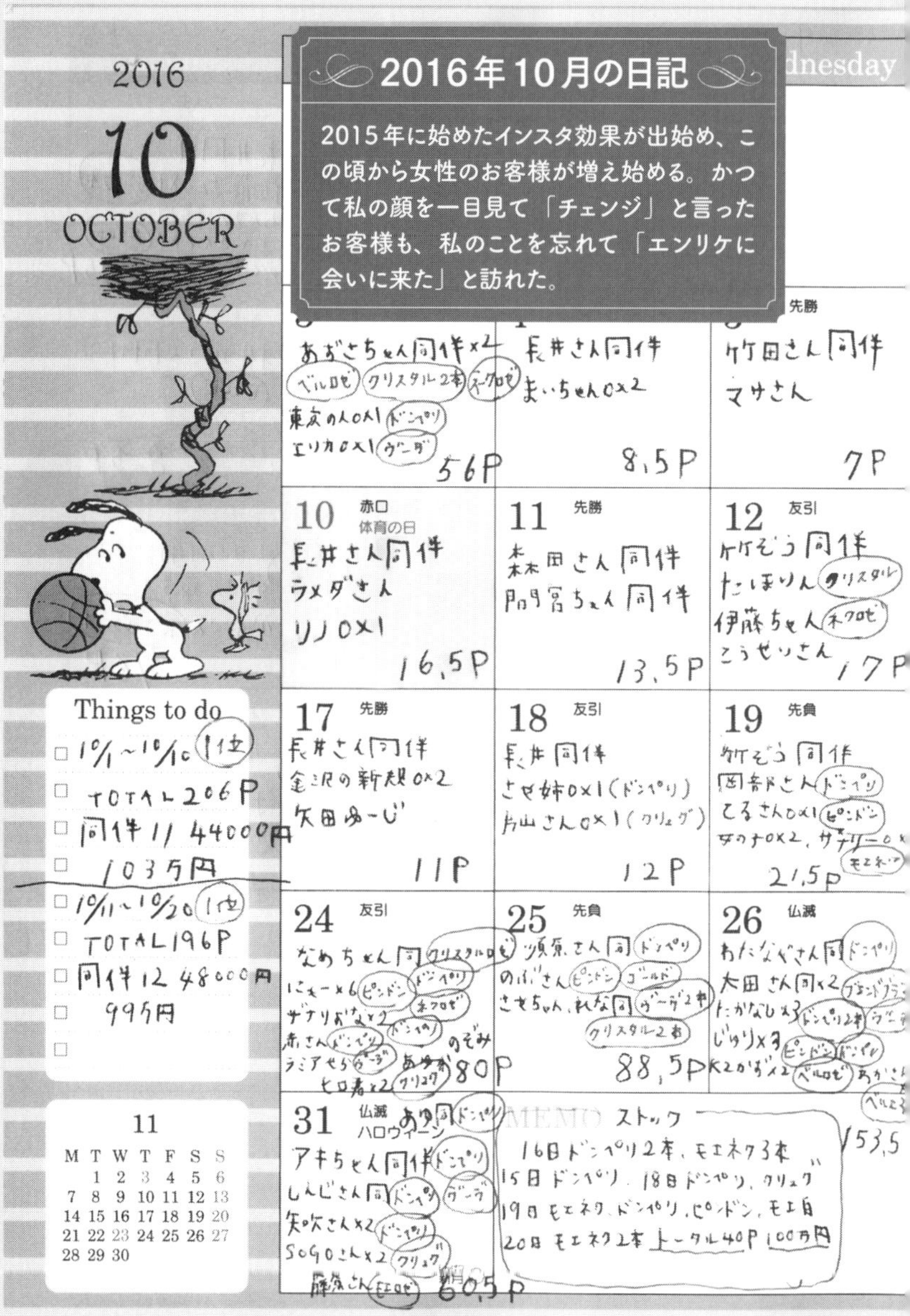

2016

10

OCTOBER

dnesday

あずさちゃん同伴×2 ベルロゼ クリスタル2本 ネクロゼ 東京の人O×1 ドンペリ エリカO×1 ヴーブ 56P	長井さん同伴 まいちゃんO×2 8.5P	先勝 竹田さん同伴 マサさん 7P
10 赤口 体育の日 長井さん同伴 ラメダさん リノO×1 16.5P	11 先勝 森田さん同伴 門宮ちゃん同伴 13.5P	12 友引 竹ぞう同伴 たまりん クリスタル 伊藤ちゃん ネクロゼ こうぜいさん 17P
17 先勝 長井さん同伴 金沢の新規O×2 矢田ゆーじ 11P	18 友引 長井同伴 さや姉O×1（ドンペリ） 片山さんO×1（クリュグ） 12P	19 先負 竹ぞう同伴 岡部さん ドンペリ てるさんO×1 ピンドン 女の子O×2、サナリーO× モエネク 21.5P
24 友引 なめちゃん同 クリスタルロゼ にっー×6 ピンドン ドンペリ サナリおな×2 ネクロゼ 赤さん ドンペリ ドンペリ のぞみ ラミアせら ヴーブ あゆみ ヒロ君×2 クリュグ 80P	25 先負 須原さん同 ドンペリ のぶさん ピンドン ゴールド さやちゃん、れな同 ヴーヴ2本 クリスタル2本 88.5P	26 仏滅 わたなべさん同 ドンペリ 太田さん同×2 ブランドブラ たかなし×3 ドンペリ2本 ヴーブ じゅり×3 ピンドン ドンペリ K2かず×2 ベルロゼ あかさ ベルロ 153.5
31 仏滅 ハロウィーン あゆ同 ドンペリ アキちゃん同伴 ドンペリ しんじさん同 ドンペリ ヴーブ 矢吹さん×2 ドンペリ SOGOさん×2 クリュグ 藤原さん エロゼ 60.5P	MEMO ストック 16日ドンペリ2本、モエネク3本 15日ドンペリ、18日ドンペリ、クリュグ 19日モエネク、ドンペリ、ピンドン、モエ白 20日モエネク2本 トータル40P 100万円	

Things to do

- 10/1〜10/10 1位
- TOTAL 206P
- 同伴11 44000円
- 1037万円
- 10/11〜10/20 1位
- TOTAL 196P
- 同伴12 48000円
- 997万円

11

M	T	W	T	F	S	S
		1	2	3	4	5
						6
7	8	9	10	11	12	13
14	15	16	17	18	19	20
21	22	23	24	25	26	27
28	29	30				

※実際の日記をスキャンしたものなので、裏移りがございますが、汚れではありません。

読んでくれた皆様へ

最後まで読んでくれてありがとう。1人でも多くの方にこの本が参考になってくれたら嬉しいし、勇気と元気を与えられたらいいな。

正直こんな私がキャバ嬢として成功するとは本当に思わなかったし、今でも信じられないくらいなの。私が成功したのは自分だけの力ではなくてお客様の応援とお店のスタッフ皆のおかげ。その感謝の気持ちは一生忘れないよ。

この本を書いていて色んな昔のことを思い出したよ。今まで言えなかった家の事情を書くのも、実は悩んだ。皆に変に思われたらどうしようって迷ったんだけど、全て話せて良かったよ。どう思われても私は私。華やかな部分しかSNSでは発信していないけど、山あり谷ありの人生だったかな。

もしこの先私が失敗してお金も会社も失ったとしても知識と経験と人脈は無くならない。失ってはいけないのは、お金じゃなくて信頼だよ。とりあえず全てが無くなったら私は今までの経験値を活かしてバイトして資金を貯める。とにかく諦めないことが大切だよ。

私も夢を叶えるためにがんばるから、皆さんも夢だったりやりたいことにチャレンジしてね。

また皆さんとどこかでお会いしましょう。

その時を楽しみにしてるね。

エンリケ

Profile エンリケ

小川えり。1987年11月2日生まれ、岐阜県出身。18～32歳（誕生日の11月）までの14年間、名古屋でキャバ嬢を務める。当初は時給1500円の猫背でパッとしないキャバ嬢だったが、スタッフやお客様からの教えを素直に学んで実践し、最高時給26万円・年収3億円の日本一のキャバ嬢に成長する。2019年11月名古屋・錦の老舗高級キャバクラ『アールズカフェ』にて、盛大に行われた引退式では、4日で5億円を売り上げ、名実ともに伝説を残す。現在は拠点を東京に移し、会社経営者として多方面で活躍中。

凡人が、14年間の実践で身につけた億稼ぐ接客術

結局、賢く生きるより素直なバカが成功する

2020年11月10日　第1刷発行
2021年 1 月18日　第5刷発行

著　者　エンリケ
発行者　鈴木章一
発行所　株式会社講談社
〒112-8001　東京都文京区音羽2-12-21
販売　TEL03-5395-3606
業務　TEL03-5395-3615
編　集　株式会社　講談社エディトリアル
代　表　堺　公江
〒112-0013　東京都文京区音羽1-17-18
護国寺SIAビル6F
編集部　TEL03-5319-2171
印刷所　凸版印刷株式会社
製本所　株式会社国宝社

N.D.C.594 239p 21cm ISBN978-4-06-521363-6